ISIDOR

GESCHICHTE DER GOTEN, VANDALEN UND SUEVEN

NEBST AUSZÜGEN
AUS DER
KIRCHENGESCHICHTE DES
BEDA VENERABILIS

Übersetzt von David Coste

Herausgegeben von Alexander Heine

PHAIDON

Gedruckt auf: 80 g/qm holzfrei geglättetem ALSTER-Werkdruck.
Säurefrei, ph-neutral und alterungsbeständig.

2. Auflage 1990
Druck und Bindearbeiten:
Bercker Graph. Betrieb GmbH, Kevelaer
ISBN 3-88851-099-6

Inhaltsverzeichnis

Isidors Geschichte
der
Goten, Vandalen
und Sueven

Einleitung

Die Geschichte von den Königen der Goten, Vandalen und Sueven des Isidor, Bischof von Sevilla, welche die Geschichte der deutschen Volksstämme auf der Pyrenäenhalbinsel am ausführlichsten und zusammenhängendsten unter den ältesten Quellen behandelt, ist im Vergleich mit den Geschichten der Ostgoten, Langobarden und Franken, die auf uns gekommen sind, eine leider nur sehr dürftige Erzählung. Auf die Übersetzung von Isidors Chronikon glaubte ich verzichten zu dürfen, da es nur eine chronologische Aufzählung nackter Tatsachen enthält, von denen die einschlägigen in der „Geschichte von den Königen der Goten" ebenfalls enthalten sind.

Die Übersetzung des Isidor ist gegeben nach der Ausgabe des Arevalus, wie sie in der Patrologia von Migne[1] wieder abgedruckt ist. Auf die Varianten des kürzeren Textes bin ich nicht eingegangen, da ein endgültiges Urteil über den Wert und das Ver-

[1] Patrologiae Cursus Completus accur. J.-P. Migne, Patr. Lat. tom. LXXXIII, Paris 1862. – Über das Verhältnis des kürzeren und längeren Textes der Hist. Gothorum etc. vergl. H. Hertzberg, Die Historia und die Chronika des Isidorus von Sevilla. Göttingen 1874.

hältnis der beiden Relationen zueinander erst dann möglich sein wird, wenn wir die neue Ausgabe des Isidor, die von Mommsen vorbereitet wird, haben.

Isidor, der Sohn des Severian, eines Provinzialen aus dem Distrikt von Carthagena, ist geboren um das Jahr 570. Er wurde ausgebildet durch seinen älteren Bruder Leander, Bischof von Sevilla (Hispalis), einen Freund des Papstes Gregor I., der in dessen Sinne viel dazu beigetragen hat, daß die Westgoten sich von der arianischen Lehre zum Katholizismus wandten. Im Anfang des 7. Jahrhunderts wurde Isidor der Nachfolger seines Bruders auf dem Bischofsstuhl von Sevilla, den er bis zu seinem Tod im Jahr 636 inne hatte. Wie sein Freund und Zeitgenosse, der Bischof Braulio von Zaragoza, sagt, hatte ihn Gott eigens gesandt, „um nach den schweren Zeiten, von denen Spanien heimgesucht worden war, die Denkmäler des Altertums wieder aufzurichten". Als erster Bischof der spanischen Kirche leitete er zwei Konzilien und galt bei seinen Zeitgenossen als eine Stütze der Kirche, sowie als ein Mann von umfassender Gelehrsamkeit und hinreißender Beredsamkeit. Während des ganzen Mittelalters war er eine Hauptquelle aller Wissenschaft, hauptsächlich wegen seines großen Werkes, der 20 Bücher Etymologiarum (oder Originum), einer Enzyklopädie der gesamten Wissenschaft, die er auf Anregung seines oben erwähnten Freundes Braulio verfaßte, der auch nach des Autors Tod die Einteilung in Bücher besorgte. Die Fülle des hier zusammengetragenen Materials ist geradezu staunenswert, und mit Recht nennt Ebert[1] den Isidor „den größten Exzerpisten und Compilator, den es vielleicht gegeben hat". Seine Bedeutung für das Mittelalter liegt darin, daß bei stets zunehmender Seltenheit der Handschriften sein Werk bald als Hauptquelle aller Kenntnis vom Altertum galt. Auch wir bewundern den außerordentlichen Fleiß des Mannes, wenngleich wir die oft rein äußerliche Einteilung und Behandlung der Materie und einen großen Teil seiner sogenannten Etymologien nicht billigen können. Auch Isidors andere Schriften, grammatisch-etymologischer und theologischer Art, erfreuten sich im Mittelalter großen Ansehens. An geschichtlichen Werken haben wir von ihm erstens das Chronicon, eine Weltchronik, gezählt von der Erschaffung der Welt und bis zum Jahr 615 n. Chr. reichend, im Anschluß an andere ähnliche Werke, wie die des Julius Africanus, Eusebius-Hieronymus und Victor Tunnunensis, von Isidor selbst eingeteilt nach den sechs Augustinischen Weltaltern – eine trockene Aufzählung geschichtlicher Tatsachen nach Jahreszahlen, die im sechsten Weltalter nach den römischen Kaisern geordnet sind. Sein zweites geschichtliches Werk ist die in Folgendem übersetzte Historia de regibus Gothorum, Vandalorum et Suevorum, eine chronologisch angelegte Geschichte der Westgoten, von ihrem Anfang (253 n. Chr.) bis zum Jahr 625 mit einem Anhang, der die Geschichte der Vandalen und Sueven behandelt.

Abgesehen von Einzelheiten hat Isidor für die ältere

[1] A. Ebert, Geschichte der christlich-lateinischen Literatur bis zum Zeitalter Karls d. Gr. Leipzig 1874, S. 556.

Zeit die Fortsetzung der Chronik des Eusebius von Hieronymus (bis 378) und die Historiae des Orosius (417 vollendet) benutzt, für die spanischen Verhältnisse die Chronik des Idacius (die Jahre 379–469 umfassend), für die afrikanischen die des Victor von Tunnuna (für die Jahre 444–566), gegen Ende auch seinen Zeitgenossen Johannes von Biclaro (für die Jahre 565–590) – Werke, die uns sämtlich erhalten sind; außerdem hat Isidor noch benutzt ein verloren gegangenes Chronicon des Bischofs Maximus von Zaragoza, eines älteren Zeitgenossen. Eigenen Wert hat Isidors Werk von Eurichs Regierung an (466); wir sind auf ihn besonders angewiesen für die Jahre 531–568; von 590 an ist er unsere vorzüglichste, zum Teil sogar ausschließliche Quelle für die Geschichte des Westgotenvolks.

Hervorzuheben ist endlich noch, daß Isidor, obgleich Romane von Geburt, nicht nur sein Vaterland Spanien mit Begeisterung preist, sondern auch ganz entschieden die Westgoten für das erste Volk der Welt erklärt[1]; wir sehen also, daß sich zu seiner Zeit die Verschmelzung der Westgoten und der von ihnen unterworfenen Romanen, gefördert durch die kirchliche Vereinigung, bereits vollzogen und sich gewissermaßen ein spanisches Nationalgefühl gebildet hat.

Berlin, 1887 D. Coste

[1] das darf man behaupten, selbst wenn man das Elogium Hispaniae, welches in den besten Handschriften fehlt, für einen späteren Zusatz hält.

Isidor
Geschichte der Goten

1.

Die Goten sind sicherlich ein sehr altes Volk; manche Leuten nehmen an, daß sie von Magog, Japhets Sohn, abstammen, und berufen sich dafür auf die Ähnlichkeit der letzten Silbe dieses Wortes, noch mehr aber auf den Propheten Ezechiel. Doch haben früher die Gelehrten sie eher Geten als Gog und Magog genannt. Sie werden als ein sehr tapferes Volk geschildert, das auch Judäa zu verheeren versucht hat.

2.

Ihr Name bedeutet in unserer Sprache die Bedeckten (Geschützten), womit ihre Tapferkeit bezeichnet wird; und wahrlich, kein Volk in der ganzen Welt hat dem römischen Reich so viel zu schaffen gemacht wie dieses. Vor ihnen warnte Alexander, fürchtete sich Pyrrhus, zog sich Caesar zurück. Viele Jahrhunderte hindurch standen sie früher unter Herzögen, dann unter Königen. Diese Regierungszeiten will ich der Reihe nach aufführen und nach alten Quellen zusammenstellen, wie sie geheißen und was für Taten sie verrichtet haben.

3.

Im Jahre 12 vor unserer Ära[1] als Cn. Pompeius und C. Iulius Caesar im Bürgerkrieg um die Weltherrschaft kämpften, kamen die Goten nach Thessalien, um dem Pompeius Hilfe zu leisten und gegen Caesar zu kämpfen. Während im Heer des Pompeius Äthiopier, Inder, Perser, Meder, Griechen, Armenier, Skythen und die anderen Völker des Orients gegen Julius aufgerufen, kämpften, leisteten jene vor allen Übrigen dem Caesar tapferen Widerstand. Caesar soll sogar im Schrecken über ihre Zahl und Tapferkeit haben fliehen wollen, wenn nicht die Nacht dem Kampf ein Ende gemacht hätte. Da sagte Caesar, Pompeius verstehe nicht zu siegen, Caesar aber sei unbesieglich; denn wenn jener zu siegen verstünde, hätte er an diesem Tag mit so furchtbaren Kräften den Caesar besiegen müssen.

[1] 49 v. Chr., Isidor rechnet nach der sogenannten spanischen Ära.

4.

Im ersten Jahr der Regierung des Valerian[1] und Gallienus stiegen die Goten von den hohen Bergen, auf denen sie wohnten, herab und verwüsteten Griechenland, Mazedonien, Pontus, Kleinasien und Illyrien. Letzteres sowie Mazedonien hielten sie fünfzehn Jahre lang besetzt. Dann wurden sie vom Kaiser Claudius besiegt[2] und kehrten in ihre Stammsitze zurück. Die Römer aber rechneten es dem Claudius Augustus zu hohem Ruhm, daß er ein so tapferes Volk von den Grenzen des Reiches zurückgetrieben habe, und stellten für ihn auf dem Forum einen goldenen Schild, auf dem Kapitol eine goldene Bildsäule auf.

5.

Im 26. Jahre der Herrschaft Konstantins über- 331/2
schwemmten die Goten das Gebiet der Sarmaten und fielen dann in zahllosen Schwärmen über die Römer her, in ungestümer Tapferkeit alles mit Feuer und Schwert verwüstend. Konstantin zog gegen sie aus, trieb sie nach heftigem Widerstand über die Donau zurück und erhöhte durch diesen Sieg über die Goten den Ruhm, den er durch Niederwerfung

[1] Valerian wurde zusammen mit seinem Sohn Gallienus 253 Kaiser. Valerian wurde 260 von den Persern geschlagen und gefangen, Gallienus regierte noch bis 268.

[2] 269 bei Naïssus (Nisch an der Morava). Claudius regierte 268–270.

anderer Völkerschaften bereits erworben hatte. Die Römer belobten ihn unter Beistimmung des Senates öffentlich dafür, daß er ein so großes Volk besiegt und die alten Grenzen des Reiches wieder hergestellt hatte.

6.

368 Im 5. Jahre der Herrschaft des Valens gelangte als erster Athanarich zur Königsherrschaft über die Goten. Er regierte dreizehn Jahre. In grausamer Glaubensverfolgung wandte er sich gegen diejenigen seiner eigenen Untertanen, welche für Christen galten, und machte sehr viele zu Märtyrern, die sich weigerten, den Götzenbildern zu opfern. Die übrigen verfolgte er zwar auch auf mancherlei Weise; ihre große Zahl hielt ihn aber davon zurück, sie umzubringen. So schenkte er ihnen zwar das Leben, zwang sie aber, aus seinem Reich zu weichen und in die Provinzen des römischen Reiches auszuwandern.

7.

375 Im 13. Jahre der Herrschaft des Valens spalteten sich die Goten an der Donau in zwei Teile, die sich unter Athanarich und Fritigern auf das Heftigste befehdeten. Athanarich aber überwand den Fritigern mit Hilfe des Kaiser Valens. Aus Dankbarkeit

hierfür schickte er Gesandte mit Geschenken an den Kaiser und fordert von ihm Lehrer zur Unterweisung in der christlichen Glaubenslehre. Valens aber, der von der Wahrheit der katholischen Lehre abgewichen und der Verkehrtheit arianischer Ketzerei ergeben war, sandte ketzerische Priester, durch deren Überredungskunst er die Goten für seine verruchte Irrlehre gewann. So impfte er diesem erlauchten Volk das verderbliche Gift ein; so bekam es die Irrlehre, die es begierig einsog und lange behielt.

8.

Damals erfand Gulfilas[1] der Bischof dieser Goten, ein Alphabet und übersetzte die Schriften des Neuen und Alten Testaments in ihre Sprache. Sobald aber die Goten anfingen, das Alphabet und das Gesetz zu kennen, richteten sie sich Kirchen ihres Bekenntnisses ein und hatten dem Beispiel des Arius folgend solche Lehrsätze über die Gottheit selbst, daß sie glaubten, der Sohn sei geringer an Herrlichkeit als der Vater und sei jünger als dieser in der Ewigkeit. Ferner meinten sie, der heilige Geist sei nicht Gott, auch nicht dem Vater wesensgleich, sondern vom Sohn erschaffen, dem Vater und Sohn dienstbar und zu Gehorsam verpflichtet. Sie hielten Vater, Sohn

[1] Ulfilas (um 311–383).

und heiligen Geist für dem Wesen nach verschieden, so daß nicht mehr ein Gott und Herr angebetet, wie die heilige Schrift überliefert, sondern wie in heidnischer Götzendienerei drei Götter verehrt wurden. Dieser schlimmen Gotteslästerung blieben sie durch lange Zeit ergeben – unter einer ganzen Reihe von Königen, 213 Jahre. Endlich dachten sie an ihr Seelenheil, sagten sich von dem tiefeingewurzelten Irrglauben los und gelangten durch Christi Gnade zum alleinseligmachenden, katholischen Glauben.

9.

376 Im 14. Jahre der Herrschaft des Valens wurden die Goten, welche einstmals die Christen aus ihrem Land getrieben hatten, selbst wiederum unter ihrem König Athanarich von den Hunnen vertrieben. Sie überschritten die Donau und unterwarfen sich, weil sie sich dem Kaiser Valens nicht gewachsen fühlten, jedoch ohne ihre Waffen auszuliefern. Der Kaiser wies ihnen Thrazien als Wohnsitz an. Da sie aber merkten, daß sie von den Römern ihrer alten Frei-
377 heit beraubt wurden, sahen sie sich zum Aufstand gezwungen. Sie verwüsteten Thrazien mit Feuer und Schwert, schlugen das römische Heer und ver-
378 brannten den Valens selbst in einer Hütte, in die er sich durch einen Speer verwundet geflüchtet hatte. So wurde der Mann von ihnen lebendig mit irdi-

schem Feuer verbrannt, der so schöne Seelen dem ewigen Feuer preisgegeben hatte.

10.

In dieser Schlacht fanden die Goten Landsleute als Bekenner der rechten Lehre, die sie früher wegen ihres Glaubens aus der Heimat vertrieben hatten, und wollten sie zur Teilnahme an ihren Raubzügen bestimmen. Da sie sich weigerten, wurden einige getötet. Andere, die sich in die Berge flüchteten oder sonstwo Schlupfwinkel fanden, blieben nicht nur katholische Christen, sondern beharrten auch in ihrer Treue gegen die Römer, von denen sie einst aufgenommen worden waren.

11.

Im 3. Jahre der Herrschaft des Spaniers Theodosius 381
begab sich Athanarich, um ein Friedens- und Freundschaftsbündnis mit dem Kaiser zu schließen, nach Konstantinopel und starb dort vierzehn Tage, nachdem er von Theodosius ehrenvoll empfangen worden war. Die Goten schlossen nach dem Tod

ihres eigenen Königs, in Anbetracht der Güte des Kaisers Theodosius, ein Bündnis, traten in den Verband des römischen Reiches ein und blieben 28 Jahre darin.

12.

382 Im 4. Jahre der Herrschaft Theodosius verzichteten die Goten auf den Schutz des römischen Bündnisses und wählten Alarich zum König, weil sie es für unwürdig hielten, den Römern untertan zu sein und denen zu gehorchen, deren Gesetz und Gebot sie früher schon verachtet hatten, deren Bündnis sie in siegreichem Kampf abgeschüttelt hatten.

13.

400 Im 5. Jahre der Herrschaft des Honorius und Arcadius vereinigen sich die Goten, die bis dahin unter Alarich und Radagais geteilt waren und einander in mannigfachen Kämpfen zerfleischt hatten, zur Vernichtung des römischen Reiches auf ein gemeinsames Vorgehen und teilen sich zur planmäßigen Ausplünderung aller Landschaften Italiens.

14.

Im 11. Jahre der Herrschaft des Honorius und Ar- 405
cadius machte der Gotenkönig Radagais, von Gebut ein Skythe, dem heidnischen Götzendienst ergeben und ein Barbar von ungezügelter Wildheit, mit 200000 Mann einen Angriff auf Italien und verwüstete einen großen Teil davon, wobei er gelobte, für den Fall, daß er siegte, das Blut der Römer seinen Göttern zu Ehren und Christo zum Hohn zu vergießen. Sein Heer wurde von Stilicho, dem Feldherrn der Römer, in den Bergen Tuskiens eingeschlossen und mehr durch den Hunger als durchs Schwert vernichtet. Der König selbst wurde schließlich gefangen und getötet.

15.

Im 15. Jahre der Herrschaft des Arcadius machte 410
sich Alarich, dem Namen nach Christ, aber dem Bekenntis nach ein Ketzer, auf, um den Tod seines Throngenossen Radagais zu rächen, da er zürnte, daß eine so große Menge Goten von den Römern vernichtet worden war, und zog gegen Rom, um seine Rache zu kühlen. Er belagerte, erstürmte und verwüstete es mit Feuer und Schwert. So erlag die Stadt, die einst alle Völker besiegt hatte, dem Schwert der Goten und mußte sich ihrem Joch beugen. So mild aber zeigten sich doch die Goten, daß sie ein Gelübde taten, ehe sie die Stadt betraten, daß

jeder Römer, der in einem Gotteshaus vorgefunden wurde, nicht der Plünderung verfallen solle. Diesem Gelübde gemäß wurde im Sturm auf die Stadt allen denen, die sich zu den heiligen Schwellen geflüchtet hatten, Leben und Freiheit geschenkt. Auch diejenigen, welche außerhalb der Stätten der Märtyrer betroffen wurden und den Namen Christi und der Heiligen anriefen, fanden gleiche Schonung.

16.

Im Übrigen nutzten sie auch den Sieg maßvoll aus, obgleich die Beute wehrlos dalag. Als die Goten plündernd die Stadt durchzogen, stieß ein Edler auf eine ältliche Nonne und forderte sie sittsam auf, sie solle Gold und Silber, wenn sie dergleichen bei sich trüge, ausliefern. Getrost zeigte sie vor, was sie hatte. Und als jener die Form der Gefäße und ihre Feinheit bewunderte, die so recht die Herkunft aus der alten Zeit des Glanzes von Rom zeigte, sprach die Jungfrau: „Diese Gefäße sind aus dem Heiligtum des Apostels Petrus bei mir niedergelegt worden; nimm sie, wenn Du den Mut dazu hast – ich wage es nicht, die heilige Hostie fortzugeben.“ Als der Gote den Namen des Apostels hört, bekam er einen großen Schreck und ließ dem König die Sache melden, der sofort in tiefster Ehrfurcht alles von jener Jungfrau in das Heiligtum des heiligen Petrus zurückschaffen ließ, denn er sagte: „Ich habe mit den Römern Krieg geführt, nicht mit den Aposteln Gottes.“

17.

So kehrt die Jungfrau, mit diesem höchst ehrenvollen Dienst betraut, zurück; es kehren mit ihr alle zurück, welche sich ihr angeschlossen hatten, auf den Köpfen die goldenen und silbernen Gefäße tragend und Hymnen singend, während sich auf Befehl des Königs von allen Seiten zu ihrem Schutz bewaffnete Scharen aufstellten. Bei dem Schall dieses Gesanges strömten die Christen aus ihren Schlupfwinkeln zusammen, mit und unter ihnen auch die Heiden, welche nur dadurch, daß sie sich scheinbar als Knechte Christi bekannten, der Todesgefahr entrannen.

18.

In dieser Zeit nehmen die Goten Placidia, die Tochter des Kaisers Theodosius und Schwester der Kaiser Honorius und Arcadius in Rom gefangen. Dazu einen ungeheuren Schatz an Gold und Silber. Am dritten Tag, nachdem sie die Römer ausgeplündert, die Stadt zum großen Teil in Brand gesteckt und zerstört hatten, brachen sie auf und bestiegen wiederum die Schiffe. Als sie aber nach Sizilien, das von Italien nur durch eine schmale Meerenge getrennt ist, übersetzen wollten, erlitten sie durch einen Sturm große Verluste. Doch der Ruhm, Rom erobert zu haben, erschien ihnen so groß, daß sie im

Vergleich dazu jene Verluste gar nicht in Anschlag brachten und die Schäden des Schiffbruchs durch den Sieg für reichlich aufgewogen erachteten. Bald
410 darauf starb Alarich im 28. Jahre seiner Herrschaft in Italien.

19.

412 Im 17. Jahre der Herrschaft des Honorius, im ersten Theodosius des Jüngeren, als Alarich nach Einnahme der Stadt Rom gestorben war, gaben die Goten die Krone Italiens an Athaulf, der sie sechs Jahre trug. Im fünften Jahr seiner Regierung verließ er Italien und ging nach Gallien. Er heiratete Placidia, des Theodosius Tochter, welche die Goten in Rom gefangen genommen hatten. Nach einigen soll hierdurch eine Weissagung des Propheten Daniel in Erfüllung gegangen sein, welche sagt, die Tochter des Königs des Ostens werde sich dem König des Westens vermählen, ohne daß jedoch aus dieser Ehe ein Sohn übrig bleiben würde. Denn der Prophet fügt im Folgenden hinzu: „Und ihr Same wird nicht bestehen.“[1] Sie gebar nämlich keinen Sprößling, der dem Vater in der Herrschaft hätte folgen kön-
415 nen. Während Athaulf dann Gallien verließ, um

[1] Dan. 11,6.

Spanien anzugreifen, wurde er bei Barcelona von einem seiner Leute während einer vertraulichen Unterhaltung umgebracht.

20.

Im 22. Jahre der Herrschaft des Honorius nach dem 417
Tod des Athaulf wurde Sigerich von den Goten zum König erhoben, der bald darauf von den Seinigen getötet wurde, weil er sehr geneigt war, mit den Römern Frieden zu schließen.

21.

Im selben Jahr folgte auf Sigerich Walia. Er regierte drei Jahre und obgleich er von den Goten in kriegerischer Absicht zum König gewählt worden war, schloß er bald nach seinem Regierungsantritt ein Bündnis mit dem Kaiser Honorius, da ihn die göttliche Vorsehung zu einem Werkzeug des Friedens bestimmt hatte. Auch gab er dem Kaiser seine Schwester Placidia, welche von den Goten in Rom gefangen genommen war, aufs Ehrenvollste zurück und versprach dem Kaiser, ihm im Interesse des

Staates jeglichen bewaffneten Beistand zu leisten. Daher brachte er, als ihn der Patrizier Constantius nach Spanien berief, im Namen des römischen Volkes den Barbaren schwere Niederlagen bei.

22.

Er vernichtete die silingischen Vandalen in Baetica.[1] Die Alanen, welche über Vandalen und Sueven herrschten, schlug er derart aufs Haupt, daß nach dem Fall ihres Königs Ataces die wenigen Übriggebliebenen keinen eigenen König mehr wählten, sondern sich der Herrschaft des Vandalenkönigs Gunderich, der in Gallicien seinen Sitz hatte, unterwarfen. Als Walia Spanien unterjocht hatte und sich rüstete, mit einer großen Flotte nach Afrika überzusetzen, wurde er in der Meerenge von Gades[2] durch einen gewaltigen Sturm übel zugerichtet. Deshalb, und vielleicht auch im Andenken jenes Schiffbruchs des Alarich, unterließ er die Fahrt, verließ Spanien und kehrte nach Gallien zurück. Der Kaiser gab ihm zur Belohnung für seinen Sieg Aquitania secunda und einige Städte von benachbarten Provinzen bis zum Ozean.

[1] Andalusien.
[2] Cadiz.

23.

Im 25. Jahre der Herrschaft des Honorius wurde nach dem Tod Walias Theudered[1] König, der 33 Jahre regierte. Dieser war mit der Herrschaft über Aquitanien nicht zufrieden, erneuerte das Bündnis mit den Römern nicht, sondern nahm die meisten römischen Städte der angrenzenden Gebiete und belagerte Arelas, die vornehmste Stadt Galliens, 432
mit aller seiner Macht. Durch die Tapferkeit des römischen Feldherrn Aëtius wurde er gezwungen, diese Belagerung aufzugeben.

24.

Als dann Aëtius auf Befehl des Kaisers Valentinian 437
seines Kommandos entsetzt worden war, belagerte Theudered die Stadt Narbo und drohte sie auszuhungern, wurde aber auch hier von dem römischen Feldherrn Liborius mit Hilfe der Hunnen abgewiesen. Liborius aber, der zuerst so glücklich gegen die Goten gekämpft hatte, ließ sich durch Teufelszeichen und Antworten von Wahrsagern so weit blenden, daß er unbedachter Weise den Goten eine Schlacht lieferte, in der das römische Heer vernichtet, er selbst überwunden und erschlagen wurde. An 439
seinem Beispiel kann man recht sehen, wie viel jene Scharen, die mit ihm den Tod fanden, hätten nützen können, wenn er sich mehr an den christlichen

[1] Sonst Theoderich I.

Glauben als an die trügerischen Zeichen der Teufel hätte halten wollen.

25.

Nach dem Untergang des Liborius schloß Theudered mit den Römern Frieden und lieferte gegen die Hunnen, welche Galliens Provinzen weit und breit verwüsteten und zahlreiche Städte zerstört hatten, unter Beihilfe des römischen Feldherrn Aëtius auf
451 den katalaunischen Feldern eine Schlacht, in der er siegreich kämpfend fiel. Die Goten aber setzten unter seinem Sohne Thorismund den Kampf mit solcher Tapferkeit fort, daß in dieser Schlacht von Anfang bis Ende ungefähr 300000 Mann gefallen sind.

26.

Am Himmel und auf Erden erschienen zu dieser Zeit mancherlei Zeichen, die auf einen blutigen Krieg hindeuteten. Unter wiederholten Erdbeben erschien der Mond im Osten in rötlichem Licht, und im Westen zeigte sich ein Komet, der in ungewöhnlicher Größe erglänzte. Im Norden war der Himmel ganz rot, wie von Feuer oder Blut, und in der feurigen Röte befanden sich hellere Streifen, die wie blitzende Lanzen aussahen. Es ist auch gar nicht zu verwundern, daß von Gott durch allerlei Zeichen auf dieses furchtbare Blutbad hingewiesen wurde.

27.

Die Hunnen, welche gründlich aufs Haupt geschlagen waren, verließen unter ihrem König Attila Gallien und zogen eilends nach Italien, wo sie einige Städte einnahmen. Dort fanden sie teils durch Hunger, teils durch andere Schläge aus Gottes Hand den Untergang. Außerdem brachte ihnen ein Heer, das der Kaiser Marcian ausgesandt hatte, empfindliche Verluste bei, so daß sie bedeutend geschwächt und
vermindert in ihre Heimat zurückkehrten, wo ihr 453
König Attila bald nach der Ankunft starb.

28.

Nach seinem Tod richtete sich das Hunnenvolk durch innere Kämpfe vollends zu Grunde. Sofort entstanden unter seinen Söhnen große Streitigkeiten um die Krone, und die Hunnen, welche schon durch alle die Niederlagen stark zusammengeschmolzen waren, fielen nun in brudermörderischem Kampf. Es ist hierin wunderbar, wie, während jede Schlacht den anderen Völkern Schaden bringt, jene im Gegenteil durch ihren Fall noch Nutzen stiften. Dem ist aber so, weil sie zur Zuchtrute der Gläubigen gesetzt sind, wie auch das persische Volk.

29.

Denn sie sind eine Geißel des Zornes Gottes, und jedesmal wenn sein Grimm über die Gläubigen entbrennt, werden sie durch jene gegeißelt, damit sie durch Kümmernisse geprüft, sich vor weltlicher Lust und Sünde bewahren und das Erbe des Himmelreichs besitzen. So schrecklich aber ist dieses Volk, daß es bei einer Hungersnot während des Krieges den Pferden die Adern öffnete und durch Trinken des Blutes den Hunger stillte.

30.

Im 1. Jahre der Herrschaft Marcians gelangte Tho-
451 rismund auf den Thron, Theudereds Sohn, und regierte ein Jahr. Da er sich gleich zu Anfang seiner Regierung durch sein gewaltsames Verfahren viele Feinde machte und manche Freveltaten verübte, wurde er von seinen Brüdern Theuderich und Frigdarich umgebracht.

31.

Im 2. Jahre der Herrschaft Marcians folgte Theude- 453
rich[1] seinem ermordeten Bruder auf dem Thron und regierte dreizehn Jahre. Dafür, daß er dem Kai-
ser Avitus, zusammen mit den Galliern zur Erlan- 455/6
gung der Kaiserwürde behilflich gewesen war, erhielt er von diesem Kaiser die Erlaubnis, sich von Aquitanien aus gegen Spanien zu wenden, und griff das Land mit einem ungeheuren Heer im fünften Jahr seiner Herrschaft an. Ihm trat der Suevenkönig Recchiarius am zwölften Meilenstein von der Stadt Astura aus an einem Fluß, der Urbicus heißt, mit ansehnlicher Heeresmacht entgegen. In der Schlacht, die sich sofort entspann, wurde er besiegt, die Scharen der Sueven teils niedergehauen, teils gefangen, teils in die Flucht geschlagen. Der König selbst floh zuletzt, von einem Geschoß verwundet und wurde, von den seinen gänzlich verlassen, bei Portucali gefangen und lebendig dem König Theuderich vorgeführt.

32.

Nachdem er umgebracht worden war, ergaben sich viele, die aus jenem Treffen entkommen waren. Eine größere Anzahl davon wurde trotzdem niedergemacht, das Reich fast zerstört und der Herrschaft der Sueven ein Ende bereitet. Der Rest der Sueven,

[1] Theoderich II.

welcher im entferntesten Teil von Gallicien zurückgeblieben war, wählte sich dem Sohn des Masilas namens Maldras zum König. So wurde das Suevenreich wiederhergestellt. Theuderich zog nach dem Tod des Recchiarius als Sieger aus Gallicien nach Lusitanien. Als er dabei war, die Stadt Emerita auszuplündern, wurde er durch Wunderzeichen der heiligen Eulalia davon zurückgeschreckt, brach sofort mit dem ganzen Heer auf und kehrte nach Gallien zurück.

33.

Bald darauf schickte er einen Teil seines Heeres unter Ceurilas nach Baetica, einen anderen unter Singerich und Nepotian nach Gallicien; letztere schlugen die Sueven bei Lucus gründlich aufs Haupt. In Gallien übergab der römische Bürger und Graf Agrippinus, um sich gegen seinen Nebenbuhler, den Grafen Aegidius die Hilfe der Goten zu si-
462 chern, Narbona an Theuderich. Dann kamen einige Gesandte vom Suevenkönig Remismund, Maldras Sohn, zu Theuderich, um Frieden und Freundschaft von ihm zu erlangen. Gleicherweise schickte auch Theuderich an Remismund Gesandte, denen er als Gastgeschenke Waffen mit gab und auch ein Weib, das er zur Gattin nehmen sollte. Später schickte er auch noch Sallanes als Gesandten an Remismund. Als dieser nach Gallien zurückkam, fand er Theuderich von seinem Bruder Eurich umgebracht.

34.

Im 8. Jahre der Herrschaft Leos folgte Eurich seinem Bruder durch die gleiche Mordtat, wie jener und regierte siebzehn Jahre. Sobald er, wenn auch durch ein Verbrechen, auf den Thron gelangt war, schickte er Gesandte an den Kaiser Leo. Ungesäumt greift er mit Ungestüm Lusitanien an. Dann sandte er ein anderes Heer aus, welches Pampilona und Caesaraugusta einnahm und so brachte er auch das obere Spanien in seine Gewalt. Auch den Adel der tarraconensischen Provinz[1], der sich ihm widersetzt hatte, vernichtete er auf einem Heereszug. Dann kehrte er nach Gallien zurück und eroberte Arelate und Massilia, die fortan beide zu seinem Reich gehörten. 466

35.

Als die Goten eines Tages mit ihm im Gespräch standen, sah er die Lanzen, die sie alle in Händen hielten, an dem Eisen statt in ihrer natürlichen Farbe in grün, rosenfarbig, gelb oder schwarz erglänzen.
Unter diesem König fingen die Goten an, ihre Gesetze schriftlich aufzuzeichnen, die bis dahin nur durch Sitte und Gewohnheit festgestanden hatten. König Eurich starb zu Arelate eines natürlichen Todes.

[1] Aragon.

36.

484 Im 10. Jahre der Herrschaft Zenos (Z. Isauricus)
wurde nach dem Tode Eurichs sein Sohn Alarich in
der Stadt Tolosa zum König der Goten ausgerufen.
Er regierte 23 Jahre. Gegen ihn zog Fluduius[1], der
König der Franken aus, welcher nach der Herrschaft
über ganz Gallien strebte, unterstützt von den Bur-
507 gundern. Derselbe schlug die gotischen Heere, be-
siegte schließlich Alarich bei Pistacium und tötete
ihn. Als aber Theoderich[2], der König von Italien,
den Tod seines Schwiegersohnes erfahren hatte,
brach er sofort nach Gallien auf, brachte die Fran-
ken zum Weichen und brachte den Teil des Reiches,
den die feindlichen Scharen besetzt hatten, wieder
unter die Botmäßigkeit der Goten.

37.

Im 17. Jahre der Herrschaft des Anastasius wurde Gisalich, der Sohn des vorgenannten Königs von einer Kebse, König von Narbo und regierte vier Jahre. So wie seine Abkunft sehr anrüchig war, so war er auch höchst unglücklich und untätig. Als sein Land vom Burgunderkönig Gundebad verwüstet wurde, zog er sich zu seiner eigenen Schande nach starken Verlusten, nach Barcinona zurück und blieb dort, bis er wegen seiner schmachvollen Flucht von

[1] Chlodwig.
[2] Der Ostgotenkönig Theoderich (475–526).

Theoderich auch seiner königlichen Würde beraubt wurde.

38.

Von dort begab er sich nach Afrika, wo er die Hilfe der Vandalen gewinnen wollte, um sein Reich wieder zu erlangen. Als er dort nichts ausgerichtet hatte, kam er aus Afrika zurück und begab sich aus Furcht vor Theoderich nach Aquitanien, wo er sich ein Jahr lang verborgen hielt. Dann ging er wieder nach Spanien, wurde von einem Herzog des Königs Theoderich am zwölften Meilenstein von Barcinona aus geschlagen, dann jenseits des Flusses Druentius in Gallien gefangen genommen und getötet. So verlor er erst die Ehre, dann das Leben.

39.

Im 21. Jahre der Herrschaft des Anastasius wurde 511
der jüngere Theoderich[1], der schon lange vorher vom Kaiser Zeno zum Konsul und König zu Rom ernannt worden war, nachdem er den Ostgotenkönig Odoakar getötet, dessen Bruder Honoulf besiegt und über die Donau zurückgeworfen und 49 Jahre über Italien regiert hatte, König von Spanien und blieb es 15 Jahre lang. Dann übergab er noch zu

[1] s. Kap. 36.

seinen Lebzeiten die Herrschaft an seinen Enkel Amalarich und ging nach Italien zurück, wo er noch einige Zeit in Glück und Glanz regierte. Durch ihn erhielt Rom einen Teil seiner alten Würde wieder; denn er baute die Stadtmauer wieder auf, wofür er vom Senat mit einer goldenen Bildsäule geehrt wurde.

40.

526 Im 1. Jahre der Herrschaft Justinians, als Theoderich nach Italien zurückgekehrt und dort gestorben war, wurde sein Enkel Amalarich König und blieb es fünf Jahre. Als er vom Frankenkönig Childebert bei Narbona geschlagen worden war, floh er eiligst nach Barcinona. Dadurch machte er sich allen verächtlich und wurde von seinen eigenen Leuten auf dem Marktplatz zu Narbona erschlagen.

41.

531 Im 6. Jahre der Herrschaft Justinians wurde an Amalarichs Stelle Theudis König von Spanien und regierte 17 Jahre und 5 Monate. Obgleich er ein Ketzer war, gewährte er der Kirche Frieden und gab sogar den katholischen Bischöfen die Erlaubnis, in der Stadt Toletum zusammenzukommen und dort

in Freiheit und nach Gutdünken anzuordnen, was für die Kirchenzucht nötig geworden war. Als unter seiner Herrschaft die Frankenkönige mit unzähligen Scharen in Spanien eingefallen waren und die tarraconensische Provinz verwüsteten, verlegten die Goten unter Herzog Teudischus die Pässe (in den Pyrenäen) und schlugen die Franken glänzend. Ebenderselbe Herzog ließ sich durch Bitten und große Geldsummen bestimmen, einen Tag und eine Nacht den übriggebliebenen Feinden zum Abzug zu gewähren. Wer in dieser Zeit die Pässe nicht hatte überschreiten können, fiel unter dem Schwert der Goten.

42.

Nach einem so großen Sieg handelten die Goten jenseits der Meerenge sehr unbedacht. Denn als sie gegen die Soldaten, die nach Vertreibung der Goten die Stadt Septe besetzt hatten, über die Meerenge gegangen waren und jenes Kastell nach hartem Kampf erobert hatten, legten sie an dem folgenden Tag, einem Sonntag, die Waffen ab, um nicht den heiligen Tag durch Kampf zu beflecken. Diese Gelegenheit ergriffen die Gegner, um plötzlich einen Überfall zu machen; sie schlossen das Heer zu Land und zu Wasser ein und hieben die waffen- und machtlose Menge bis auf den letzten Mann nieder.

43.

Bald darauf ereilte auch den König die wohlverdiente Strafe. Er wurde im Palast von einem Menschen verwundet, der sich schon lange wahnsinnig gestellt hatte, um den König zu täuschen. So gelang es ihm, sich seinem Opfer zu nähern, und er durchbohrte den Fürsten, der sofort zu Boden sank und unter dem Schwert des Mörders seine unwürdige Seele aushauchte. Während sein Blut in Strömen floß, soll er seine Umgebung beschworen haben, man möchte den Mörder nicht umbringen, denn an ihm werde nur das Recht der Vergeltung geübt, da er vor der Thronbesteigung im Zorn seinen Herzog erschlagen habe.

44.

548 Im 23. Jahre der Herrschaft Justinians wurde nach der Ermordung des Theudis dessen Herzog Theudischus König der Goten. Er regierte ein Jahr und drei Monate. Er hatte durch offenkundigen Ehebruch mehrere Edle entehrt und sich dadurch den tödlichen Haß vieler zugezogen. Deshalb wurde er von einer Schar Verschworener zu Hispalis beim Mahl überfallen und erschlagen.

45.

Im 24. Jahre der Herrschaft Justinians wurde nach 549
dem Tod des Theudischus Agila König und regierte fünf Jahre. Dieser zog gegen die Stadt Corduba zu Felde. Als er auch Verachtung des katholischen Glaubens den allerseligsten Märtyrer Acisclus beleidigte und wie ein Kirchenschänder mit dem Blut der Feinde und Rosse die heilige Stätte seines Grabes besudelte, erhielt er durch die Hand der Heiligen in einem Kampf gegen die Bürger von Corduba seine gerechte Strafe. Denn sein Angriff wurde blutig abgewiesen, er verlor außer zahlreicher Mannschaft dabei den eigenen Sohn und obendrein seinen ganzen Schatz, der sehr bedeutend war.

46.

Er selbst zog sich nach der Niederlage, von elender Furcht gescheucht, nach Emerita zurück. Bald darauf griff Athanagild, von Herrschsucht verblendet, nach der Krone und schlug das Heer, welches der König gegen ihn ausgesandt, bei Hispalis aufs Haupt, und die Goten, welche gewahr wurden, wie sie sich untereinander zerfleischten, und fürchteten, die römischen Heerscharen könnten unter dem Vorwand der Hilfsleistung Spanien betreten, töteten den Agila zu Emerita und gaben sich unter die Hand Athanagilds.

47.

554 Im 29. Jahre der Herrschaft Justinians war Agila getötet worden, und Athanagild trug die Krone, die er an sich gerissen hatte, von da an 14 Jahre. Als er sich schon zum Herrscher aufgeworfen hatte und den Agila der Krone berauben wollte, hatte er den Kaiser Justinian um Hilfstruppen gebeten, die er nachher trotz aller Bemühungen nicht wieder aus dem Königreich entfernen konnte. Bis auf diesen Tag dauern die Kämpfe mit ihnen fort. Nach vielfachen Niederlagen sind sie endlich ganz und gar beseitigt worden[1]. Athanagild aber starb zu Toletum eines natürlichen Todes, und der Thron blieb fünf Monate leer.

48.

568 Im 12. Jahre der Herrschaft Justins des Jüngeren folgte auf Athanagild Liuva. Er wurde zu Narbo von den Goten gewählt und regierte drei Jahre. Im zweiten Jahr nach seiner Thronbesteigung ernannte er seinen Bruder Leovigild nicht nur zum Nachfolger, sondern sogar zum Mitregenten und überließ ihm die Verwaltung Spaniens, während er selbst sich mit Gallien begnügte. So regierten sie beide, während sonst kein Herrscher jemand neben sich duldet.

[1] Die Südküste Spaniens vom Kap Tarisa bis Carthagena gehörte bis in den Anfang des 7. Jahrhunderts zum oströmischen Staat.

Dem Liuva wird in der Chronologie nur ein Jahr gerechnet, die übrigen aber seinem Bruder Leovigild zugezählt.

49.

Im dritten Jahre der Herrschaft Justins des Jüngeren 569
erlangte Leovigild die Herrschaft über Gallien und Spanien und beschloß, mit gewaffneter Hand sein Reich und seine Macht zu mehren. Durch die Gunst des Schicksals und die Tapferkeit seines Heeres trug er zahlreiche Erfolge davon. Er eroberte nämlich Cantabrien, unterwarf die Aregenser und nahm Sabaria ein; auch unterwarfen sich ihm die meisten aufrührerischen Städte Spaniens. Ferner besiegte er die (oströmischen) Soldaten und nahm ihnen einige Castelle ab. Darauf belagerte er seinen Sohn Hermenegild, der sich gegen die Befehle des Vaters empört hatte, und überwand ihn[1]. Schließlich überzog er die Sueven mit Krieg und richtete ihr Reich mit wunderbarer Schnelligkeit nach gotischer Weise ein. So gehorchte ihm der größte Teil von Spanien; bis dahin nämlich waren die Goten auf einen kleinen

[1] Leovigild nahm seinen Sohn 584 in Cordoba gefangen und ließ ihn 585 zu Tarragona hinrichten, weil er zum katholischen Glauben übergetreten war und sich nicht zum Arianismus zurückwenden wollte.

Raum beschränkt gewesen. Nur der Irrtum der Ketzerei verdunkelte den Ruhm solcher Tapferkeit.

50.

Erfüllt von der Wut arianischen Unglaubens, verfolgte er die Katholiken und verbannte die Mehrzahl der Bischöfe. Er nahm den Kirchen ihre Einkünfte und Privilegien, trieb durch Schreckmittel viele zum Übertritt in die arianische Pestilenz, noch mehr gewann er dafür ohne Verfolgung durch Gold und Geschenke. Er wagte sogar außer anderen ketzerischen Schändlichkeiten die Katholiken umzutaufen, und zwar nicht nur Laien, sondern auch Mitglieder des Priesterstandes, so den Vincentius von Caesaraugusta, der aus einem Bischof ein Apostat wurde und sozusagen aus dem Himmel in die Hölle geschleudert wurde.

51.

Er wurde auch seinem eigenen Volk verderblich, denn die Edelsten und Mächtigsten ließ er entweder enthaupten, oder er zog ihr Vermögen ein, ächtete sie und trieb sie in die Verbannung. Er war der erste, der den Fiskus bereicherte, der erste, der den Staatsschatz mit geraubtem Gut von den Feinden wie von den eigenen Untertanen füllte. Auch war er der erste, der in königlichem Gewand auf seinem Thron zu sitzen pflegte, denn bis auf ihn hatten die Goten gleiche Kleidung und gleichen Sitz mit ihren Königen gehabt. Auch gründete er in Keltiberien eine Stadt, die er nach dem Namen seines Sohnes Recapolis[1] nannte. Ferner verbesserte er das, was im Gesetzbuch Eurichs noch unvollkommen geblieben war, fügte eine große Anzahl bis dahin fehlender Gesetze hinzu und merzte ebenso viele überflüssige aus. Er regierte 18 Jahre und starb eines natürlichen Todes zu Toletum.

52.

Im 3. Jahre der Herrschaft des Mauricius kam nach 586
Leovigilds Tod dessen Sohn Recared auf den Thron, ein frommer Mann und seinem Vater ganz unähnlich. Denn dieser war ganz ungläubig und ein großer Kriegsmann, jener treu im Glauben und ein Mann des Friedens; dieser hatte mit den Künsten des Schwerts die Herrschaft seines Volkes erweitert, dieser erhöhte sein Volk durch das Siegeszeichen des Glaubens. Denn gleich zu Anfang seiner Regierung trat er zum katholischen Glauben über und veranlaßte das gesamte Gotenvolk, die Seuche des eingewurzelten Irrglaubens abzuschütteln und zum Bekenntnis des rechten Glaubens zurückzukehren.

[1] Am oberen Tajo.

53.

587 Darauf versammelte er eine Synode der Bischöfe aus den verschiedenen Provinzen Galliens und Spaniens zur Verdammung der arianischen Ketzerei. Auch wohnte der fromme Fürst dieser Synode bei und bekräftigte ihre Beschlüsse durch seine Gegenwart und Unterschrift, indem er mit all den seinigen dem falschen Glauben entsagte, zu dem sich bis dahin das gotische Volk nach der Lehre des Arius bekannt hatte. Er erklärte sich laut dafür, daß die drei Personen in Gott eins seien, daß der Sohn vom Vater ‚consubstantialiter' gezeugt sei, daß der heilige Geist von Vater und Sohn untrennbar ausgehe und das beider Geist eins sei, wie sie dem Wesen nach eins sind.

54.

Auch führte er ruhmreiche Kriege gegen feindliche Völkerschaften, und sein Glaube gab ihm Kraft dazu. Als die Franken mit einem Heer von 60000 Mann in Gallien einbrachen, sandte er seinen Herzog Claudius gegen sie aus und errang einen glänzenden Sieg; niemals haben die Goten in Spanien einen größeren oder auch nur ähnlichen erfochten. Denn viele Tausende von Feinden wurden in der Schlacht erschlagen oder gefangen genommen, und der Rest des Heeres, das ganz gegen seine Erwartung geschlagen war, wurde von den Goten bis an die Grenze des Königreichs verfolgt. Auch gegen die Übergriffe der Römer und die Einfälle der Basken erhob er öfters das Schwert. So führte er nicht nur Krieg, sondern schien auch sein Volk, wie die Ringer in der Ringbahn, durch Übung zur Schlagfertigkeit zu erziehen.

55.

Die Provinzen, welche sein Vater erobert hatte, erhielt er dem Reich und regierte sie mit weiser Mäßigung. Er war sanft und mild, von außerordentlicher Herzensgüte. Dieser Gesinnung entsprach die Freundlichkeit, die in seinen Mienen zu lesen war, so daß er selbst seine Gegner unwiderstehlich anzog und an sich fesselte. Er war so freigiebig, daß er das Vermögen einzelner und die Kirchengüter, die seines Vaters frevelhafte Habgier dem Fiskus zugewiesen hatte, ihren rechtmäßigen Eigentümern zurückgab; er war so milde, daß er dem Volk die fälligen Steuern oftmals erließ.

56.

Viele beschenkte er mit Gütern, noch mehr erhöhte er in Rang und Würden. Sein Geld verteilte er unter die Armen, seine Schätze unter die Bedürftigen, da er sich bewußt war, das Königreich sei ihm dazu gegeben, daß er es zum allgemeinen Besten verwalte. Seine gute Regierung wurde mit einem guten Ende gekrönt: den Ruhm des rechten Glaubens, den er zu Anfang seiner Herrschaft angenommen hatte, mehrte er dadurch, daß er zuletzt ein öffentliches Bekenntnis der Reue über seine Sünden ablegte. Nach einer fünfzehnjährigen Regierung entschlief er sanft zu Toletum.

57.

601 Im 19. Jahre der Herrschaft des Mauricius folgte dem Recared dessen Sohn Liuva, der zwei Jahre regierte. Er stammte zwar von einer Mutter niederer Herkunft, war aber mit ausgezeichneten Eigenschaften begabt. In der Blüte seiner Jugend wurde er von Wichterich, der sich empört hatte, ohne seine Schuld vom Thron gestoßen. Die rechte Hand wurde ihm abgehauen, und er starb im 20. Jahre seines Lebens, im zweiten seiner Regierung.

58.

603 Im 21. Jahre der Herrschaft des Mauricius starb Liuva, und Wichterich, der bei jenes Lebzeiten sich zum Herrscher aufgeworfen hatte, regierte sieben Jahre. Er war zwar ein tapferer Mann, aber das Siegesglück fehlte ihm. Denn obwohl er öfters gegen die römischen Soldaten zu Felde zog, hatte er doch

keinen entscheidenden Erfolg; nur seine Herzöge nahmen eine Anzahl Soldaten in Segontia[1] gefangen. Er verübte während seines Lebens zahlreiche Übeltaten, und so wie er durch das Schwert emporgekommen war, so fiel er auch durchs Schwert. So blieb der Tod des unschuldigen Liuva an ihm nicht ungerächt: er wurde durch Verschworene beim Mittagsmahl umgebracht, sein Körper in aller Stille hinausgeschafft und beerdigt.

59.

Im 8. Jahre der Herrschaft des Phokas folgte Gun- 610
demar auf Wichterich und regierte zwei Jahre. Er unternahm einen erfolgreichen Feldzug gegen die Basken und belagerte außerdem die römischen Soldaten. Er starb zu Toletum eines natürlichen Todes.

60.

Im 2. Jahre der Herrschaft des Heraklius bestieg 612
nach Gundemar der allerchristlichste Sisebut den Thron und regierte acht Jahre und sechs Monate. Zu Anfang seiner Regierung veranlaßte er die Juden, zum christlichen Glauben überzutreten. Er hatte zwar den richtigen Eifer, aber es fehlte ihm an Einsicht, denn er trieb sie mit Gewalt dazu, während

[1] westlich von Algeciras.

er sie durch die überzeugende Kraft des Glaubens hätte bekehren müssen. Aber wie geschrieben steht, entweder bei günstiger Gelegenheit oder durch die Wahrheit (findet die Bekehrung statt), bis Christus wieder kommt. Er war ein glänzender Redner und ein gelehrter Mann, denn er beherrschte einen großen Teil der Wissenschaften. Als Richter zeigte er sich gerecht und fromm, voll großen Eifers, auch war er gütig gesinnt. Seine Regierung war sehr glänzend und auch durch Proben kriegerischer Tüchtigkeit und Siege ausgezeichnet.

61.

Das Heer nämlich, welches er gegen die Asturier, die sich empört hatten, ausschickte, unterwarf jene. Die Rucconen, welche von steilen Bergen rings umschlossen wohnen, besiegte er ebenfalls. Auch über die Römer triumphierte er dann zweimal und eroberte einige ihrer Städte; die übrigen an der Meerenge entvölkerte er gänzlich, so daß die Goten sie bald darauf mit leichter Mühe nahmen. Nach dem Sieg zeigte er sich so milde, daß er viele, die von seinen Leuten in die Sklaverei verkauft waren, mit eigenem Geld loskaufte und so die Befreiung der Gefangenen sein Schatz wurde. Nach einigen starb er eines natürlichen Todes, nach anderen durch übermäßigen Gebrauch einer Arznei; noch andere sagen, er sei an Gift gestorben. Sein Tod war nicht nur dem Klerus, sondern auch den besten unter den Laien sehr schmerzlich. Er hinterließ einen ganz kleinen Sohn, Recared, der nach seines Vaters Tod wenige Tage die Krone trug und dann starb.

62.

Im 10. Jahre der Herrschaft des Heraklius ergriff 620
nach göttlichem Ratschluß der allerruhmreichste Suintila das Szepter. Unter dem König Sisebut war er Herzog geworden, hatte die römischen Kastelle erobert und die Rucconen niedergeworfen. Nachdem er aber den Gipfel der königlichen Würde bestiegen, gewann er durch eine Schlacht die Städte Spaniens, die sich noch in den Händen der römischen Scharen befanden, und genoß den Erfolg seines Triumphes mit mehr Glück als die übrigen Könige. Er herrschte als erster über ganz Spanien bis zur Meerenge, die in den Ozean führt, was bis dahin keinem Könige zuteil geworden war. Der Glanz seines Sieges wurde noch dadurch erhöht, daß er zwei Patricii[1] in seine Gewalt brachte, den einen durch List, den anderen in der Schlacht selbst.

63.

Am Anfang seiner Regierung unternahm er auch einen Feldzug gegen die Basken, welche mit ihren Raubzügen die tarraconensische Provinz heimsuch-

[1] Patricius war ein persönlicher, nicht vererbbarer Ehrentitel im römischen Reich.

ten. Durch seine Ankunft wurden diese schweifenden Bergvölker so erschreckt, daß sie wie in Anerkennung seiner Hoheitsrechte die Waffen streckten und um Frieden baten. Sie beugten sich willig seinem Joch, stellten Geiseln, bauten die gotische Stadt Ologitis[1] mit ihrem Geld selbst wieder auf und versprachen, ihm gehorchen und alles tun zu wollen, was er befehle.

64.

Außer dem Ruhm dieser Kriegstaten zierten ihn zahlreiche andere Tugenden: Treue, Klugheit, rastlose Tätigkeit, Unparteilichkeit im Gericht, unablässige Sorgfalt in der Regierung, vor allen Dingen königliche Freigiebigkeit gegen alle, tätige Barmherzigkeit gegen die Bedürftigen und Hilflosen. So verdiente er nicht nur den Namen eines Fürsten der Völker, sondern auch den schöneren eines Vaters der Armen.

65.

Sein Sohn Racimir, den er zum Mitregenten berufen, übt mit ihm gemeinschaftlich die Herrschaft aus. Schon in Racimirs Jugend zeigt sich der Glanz einer heiligen Gemütsart so deutlich, daß er innerlich wie äußerlich ein getreues Abbild der Tugenden

[1] Südlich von Pamplona.

seines Vaters genannt werden kann. Für ihn müssen wir zu dem Lenker des Himmels und des Menschengeschlechtes beten, daß, wie er jetzt durch die Gunst seines Vaters diesem als Gehilfe zur Seite steht, er dereinst nach langjähriger Regierung desselben in gleichem Sinne herrsche, als würdiger Nachfolger eines solchen Vaters[1].

Wenn man die Regierungszeit der Gotenkönige vom Anfang des Königs Athanarich an bis zum fünftem Jahre des allerruhmreichsten Fürsten Suintilas zusammenrechnet, so ergibt sich, daß unter Gottes gnädigem Beistand das Gotenreich nunmehr 256 Jahre bestanden hat.

[1] Gerade dieser Versuch, die Krone in seinem Haus erblich zu machen, kostete Suintila Krone und Leben: Sisenand empörte sich wider ihn und brachte ihn um (631).

Isidor

Bericht zum Lobe der Goten

Ebendesselben Isidor zusammenfassender Bericht zum Lobe der Goten

66.

Der Ursprung der Goten geht bis in das höchste Altertum zurück auf Magog, Japhets Sohn, von dem auch die Skythen abstammen. Denn die genannten Goten sind erweislich skythischer Herkunft. Daher auch die Ähnlichkeit der beiden Namen. Wenn man nämlich einen Buchstaben wegstreicht und den zweiten ändert heißen sie Geten, also Skythen. Sie bewohnten die eisigen Berglandschaften nördlich vom Reich der Skythen und saßen im Gebirge zusammen mit anderen Stämmen. Von dort wurden sie durch den Angriff des Hunnenvolkes vertrieben, überschritten die Donau und wurden den Römern untertan. Da sie aber die Mißhandlungen derselben nicht zu ertragen vermochten, empörten sie sich, erwählten sich aus ihrem eigenen Volk einen König, brachen in Thrazien ein, verwüsteten Italien, belagerten und eroberten die Stadt Rom, gingen nach Gallien hinüber, öffneten sich die Pässe der Pyrenäen und gelangten so nach Spanien, wo sie sich dauernd niederließen und ihre Herrschaft befestigten.

67.

Die Goten sind von behendem und starkem Körper, lebhaften Geistes und voll Selbstvertrauen, schlank und groß von Wuchs, würdevoll in Haltung und Gebärden, rasch zur Tat und gegen Wunden unempfindlich, wie der Dichter sagt: ‚Die Goten rühmen sich ihrer Wunden und verachten den Tod.' So groß waren sie im Krieg und so außergewöhnlich siegreich ihre Tapferkeit, daß Rom selbst, die Besiegerin aller Völker, das Joch der Goten auf sich nehmen und zu ihren Triumphen beitragen mußte, daß Rom, die Herrin der Welt, jenen wie eine Sklavin Dienste tat.

68.

Alle Völker Europas zitterten vor ihnen, sie sprengten die Riegel der Alpen. Selbst die häufig erwähnte Barbarei der Vandalen ließ sich nicht nur durch ihre Ankunft schrecken, sondern floh sogar vor dem Rufe ihrer Tapferkeit. Ihrem Schwert erlagen die Alanen. Und die Sueven, die bis dahin in den unzugänglichen Bergen Spaniens unbehelligt geblieben waren, lernten durch sie die Gefahr des Untergangs kennen und verloren die Selbständigkeit ihres Königtums, das sie in träger Muse bis dahin behauptet hatten – es ist freilich zu bewundern, daß sie so lange eine Königsherrschaft gehabt haben, da sie diese bei der Ungestörtheit ihrer Ruhe gar nicht brauchten.

69.

Aber wer kann die Größe der Kräfte des Gotenvolkes genugsam schildern? Während andere Völker mühsam durch Bitten und Geschenke ihre Herrschaft zu behaupten vermochten, bewahrten die Goten sich ihre Freiheit mehr durch Kampf als durch friedliche Unterhandlung und brauchten da, wo ein Krieg nicht zu umgehen war, ihre Kräfte statt der Bitten.
In den Künsten der Waffen sind sie sehr ausgezeichnet und kämpfen nicht nur mit Stoßlanzen, sondern auch zu Pferde mit Wurflanzen. Andererseits verstehen sie sich nicht nur auf den Reiterkampf, sondern auch auf das Gefecht zu Fuß. Mehr allerdings verlassen sie sich auf den ungestümen Lauf ihrer Pferde, wie der Dichter sagt: ‚Wohin der Gote auf seinem Rosse stürmt.'

70.

Sie lieben es sehr, sich im Speerwurf und Scheingefecht zu üben; kriegerische Spiele veranstalteten sie täglich. Die einzige Übung im Kriegswesen, die ihnen noch fehlte, war die im Seekrieg. Aber nachdem Fürst Sisebut durch die Gnade des Himmels auf den Thron berufen war, kamen sie durch seine Bemühungen so weit in kriegerischer Tüchtigkeit, daß sie nicht zu Lande, sondern auch zu Wasser kampfgerüstet dastanden, und ihnen selbst die römischen Soldaten untertänig dienten, wie ihnen so viele Völker und ganz Spanien gehorsam war.

Isidor

Geschichte der Vandalen

Geschichte der Vandalen

71.

Zwei Jahre vor dem Überfall der Stadt Rom erhoben sich auf Veranlassung Stilichos die Völker der Alanen, Sueven und Vandalen, überschritten den Rhein, brachen in Gallien ein, schlugen die Franken und kamen in ungehindertem Zug bis an die Pyrenäen, deren Pässe von Didymus und Veronian, einem sehr edlen und mächtigen Brüderpaar, verteidigt wurden. Drei Jahre hindurch wurde ihnen von diesen beiden der Eintritt nach Spanien verwehrt, und sie zogen in den anliegenden Provinzen Galliens umher. Aber nachdem das genannte Brüderpaar, das mit eigenen Mitteln die Pyrenäenpässe schützte, unter dem Verdacht, nach dem Thron zu streben, ganz unschuldig vom Caesar Constantius getötet worden war, brachen die obenerwähnten Völker im Jahr 406 in Spanien ein. 406

72.

406 Im Jahre 406 durchzogen die Vandalen, Alanen und Sueven mordend und verwüstend Spanien kreuz und quer, steckten die Städte in Brand und zehrten die geraubten Vorräte auf, so daß die Bevölkerung vor Hunger sogar Menschenfleisch als Nahrung nahm. Mütter aßen ihre Kinder; die wilden Tiere, die daran gewöhnt waren, sich an den Leichen derjenigen zu sättigen, die durch das Schwert, Hunger oder Seuchen umgekommen, griffen sogar die Lebendigen an und bedrohten sie mit dem Tod. Indem so die vier Landplagen in ganz Spanien wüteten, erfüllte sich die Weissagung des göttlichen Zornes, wie sie einst die Propheten verkündet hatten.

73.

421 Im Jahre 421 entschlossen die Barbaren sich endlich, nach dem gräßlichen Geschick, das Spanien durch ihre Schläge erlitt, Frieden zu machen auf Gottes Geheiß, den das Land jammerte, und teilten die Provinzen unter einander durchs Los. Gallicien besetzten die Vandalen und Sueven, die Alanen Lusitanien und die Provinz von Carthago Nova; die Vandalen aber, welche Silingen heißen, gaben Gallicien auf, verwüsteten die Inseln der tarraconensischen Provinz, kamen zurück und nahmen Baetica. Die Spanier, welche sich in den übriggebliebenen Städten und Kastellen befanden, unterwarfen sich,

von den Züchtigungen Gottes gebeugt, dem Joch der herrschenden Barbaren. Als erster König der Vandalen kam in Spanien Gunderich an die Regierung, der 18 Jahre über einen Teil von Gallicien herrschte. Er brach das bestehende Bündnis mit den Sueven und belagerte sie in den erbasischen Bergen[1], gab dann das Unternehmen auf und vernichtete die balearischen Inseln, die zur tarraconensischen Provinz gehören. Daraufhin zerstörte er Carthago Spartaria, wandte sich mit allen Vandalen gegen Baetica, zerstörte Hispalis und gab es nach großem Blutvergießen wieder preis. Als er im Vertrauen auf seine königliche Gewalt unehrerbietig die Hände gegen die Basilika des Vincencius erhob, des Schutzpatrons dieser Stadt, wurde er auf göttlichen Befehl auf dem Marktplatz von einem Teufel erfaßt und fiel tot um.

74.

Im Jahre 428 folgte Geiserich seinem Bruder Gunde- 428
rich und regierte 40 Jahre[2]. Er wurde aus einem katholischen Christen ein Abtrünniger und soll sich als erster zu der arianischen Irrlehre bekannt haben. Vom Gestade der Provinz Baetica verließ er mit
allen Vandalen, mit Kind und Kegel Spanien und 429
fuhr hinüber nach Mauretanien und Afrika. Der jüngere Valentinian[3], Kaiser des Westens, der zum

[1] Zwischen Oviedo und Leon.
[2] 49 Jahre.
[3] Valentinian III. 425–455.

Kampf gegen ihn zu schwach war, bewilligte ihm den Frieden und überließ den Vandalen gutwillig einen Teil Afrikas, nachdem er sich von Geiserich hatte einen Eid schwören lassen, er werde nicht weiter vorgehen.

75.

Jener aber, dessen Freundschaftsbeteuerungen man Glauben geschenkt hatte, brach den Eid und nahm durch Hinterlist Karthago weg. Durch verschiedene Arten von Foltern preßte er den Bürgern alle ihre Schätze ab und nahm sie für sich. Dann verwüstete er Sizilien, belagerte Panormus, verbreitete die Seuche der arianischen Lehre über ganz Afrika, trieb die Priester aus ihren Kirchen, machte eine große Zahl von ihnen zu Märtyrern und überlieferte, nach der Prophezeihung Daniels, die Kirchen der Heiligen unter Abänderung der Sakramente den Feinden Christi, er gab diese Gotteshäuser sogar den Seinigen als Wohnhäuser.

76.

Gegen ihn rüstete Theodosius der Jüngere, Kaiser des Ostens, zum Krieg. Aber es wurde nichts daraus, denn da die Hunnen Thrakien und Illyrien verwüsteten, wurde das Heer, welches schon gegen die Vandalen ausgesandt war, von Sizilien zum Schutz

der Thrakier und Illyrier abgerufen. Als dann der Kaiser Majorian aus Italien nach Spanien kam und 458
in der Provinz von Carthago eine Anzahl von Schiffen für einen Zug gegen die Vandalen ausgerüstet hatte, nahmen die Vandalen, welche von seiner Absicht Kunde erhalten hatten, die Schiffe auf der Reede von Carthago Nova weg. So sah Majorian 460
seine Absicht vereitelt und kehrte nach Italien zurück, wo er vom Patrizier Ricimer meuchlings ermordet wurde. 461

77.

Als Geiserich dies erfuhr[1], begnügte er sich nicht 455
mehr mit der Verwüstung Afrikas, sondern fuhr mit einer Flotte nach Italien und griff Rom an. Vierzehn 12.–26. Juni
Tage lang plünderte er Roms Schätze, dann nahm er Valentinians Witwe, ihre Töchter[2] und viele tausend Gefangene mit sich fort. Darauf kehrte er nach Karthago zurück und machte durch eine Gesandtschaft Frieden mit dem Kaiser. Valentinians Witwe schickte er nach Konstantinopel zurück, eine ihrer Töchter vermählte er mit seinem Sohn Hunerich. Nachdem er auf diese Weise viele Provinzen mit Mord und Plünderung heimgesucht hatte, starb er im 40. Jahr seiner Herrschaft.

[1] An den Jahreszahlen ist ersichtlich, daß dies nicht richtig ist.
[2] Eudoxia und ihre Töchter Eudoxia und Placidia.

78.

478 Im Jahre 478 wurde nach Geiserich Hunerich, Geiserichs Sohn, König und regierte sieben Jahre und fünf Monate. Vermählt war er mit Valentinians Tochter, die sein Vater gefangen aus Rom fortgeführt hatte. Von arianischer Glaubenswut entflammt, verfolgte er die Katholiken in ganz Afrika ärger als sein Vater, schloß ihre Kirchen und schickte alle Priester und sämtliche Kleriker in die Verbannung. Ungefähr 4000 Mönche und Laien bestrafte er mit härterem Exil, machte viele zu Blutzeugen, ließ den Bekennern die Zungen abschneiden, die danach, trotz der abgeschnittenen Zunge, ganz gut bis an ihr Lebensende reden konnten.

79.

Damals wurde Laetus, Bischof der Stadt Nepte[1], mit ruhmesvollem Martyrium gekrönt. Da er nämlich trotz mannigfacher Strafen nicht dazu gebracht werden konnte, sich mit der Seuche arianischer Ketzerei zu beflecken, ging er plötzlich siegreich in den Himmel ein. Hunerich aber hatte nach unzähligen Freveln, die er gegen die Katholiken ausübte, im achten Jahre seiner Herrschaft dasselbe Ende wie sein Vater Arius: sein ganzes Innere löste sich auf, und so kam er elendiglich um.

[1] Ledda an der Küste bei Tripolis.

80.

Im Jahre 486 folgte auf Hunerich Gundamund und 486
regierte zwölf Jahre. Er gab der Kirche den Frieden wieder und rief die Katholiken aus der Verbannung zurück.

81.

Im Jahre 498 starb Gundamund, und ihm folgte 498
Trasamund, der 27 Jahre und vier Monate regierte. Voll arianischer Wut verfolgte er die Katholiken, schloß ihre Kirchen, schickte von der gesamten afrikanischen Kirche 120 Bischöfe nach Sardinien in die Verbannung und starb zu Karthago. Zu seiner Zeit glänzte in unserem Bekenntnis Fulgentius, Bischof von Ruspi.

82.

Im Jahre 524 folgte auf Trasamund Hilderich, Hu- 524
nerichs Sohn von der Tochter des Kaisers Valentinian. Er regierte sieben Jahre und drei Monate. Da er von seinem Vorgänger Trasamund durch einen Eid verpflichtet worden war, während seiner Herrschaft den Katholiken die Kirchen weder zu öffnen noch ihnen ihre Privilegien wiederzugeben, befahl er, um nicht die Heiligkeit des Eides zu verletzten,

vor seinem Regierungsantritt, die katholischen Priester aus der Verbannung zurückzuholen und die Kirchen zu öffnen. Gegen ihn empörte sich Gelimer, stieß ihn vom Thron und setzte ihn mit seinen Söhnen ins Gefängnis.

83.

530 Im Jahre 530 bemächtigte sich Gelimer des Thrones. Er tötete grausam viele Edle der Provinz Afrika, andere beraubte er ihres Vermögens. Gegen ihn sandte Kaiser Justinian in Folge einer Vision des Bischofs Laetus, den der Vandalenkönig Hunerich
533 zum Blutzeugen gemacht hatte, ein Heer unter dem Magister Militum Belisar aus. Dieser überwand und tötete in der ersten Schlacht die Brüder des Königs, Guntemir[1] und Gibamund, in zweiter schlug er Gelimer selbst. Er gewann Afrika wieder im 97. Jahre nach dem Eindringen der Vandalen.

84.

Bevor es mit Belisar zum Treffen kam, ließ der Tyrann Gelimer den Hilderich mit einigen von seiner Sippe umbringen. Belisar aber nahm den Gelimer gefangen und führte ihn mit den Schätzen, welche aus den Provinzen und Afrika zusammengebracht

[1] Sonst Ammatas. Gibamund ist ein Neffe Gelimers. Vgl. dazu auch Prokop, Vandalenkrieg (im gleichen Verlag erschienen).

waren, dem Kaiser Justinian zu Konstantinopel vor. So wurde das Vandalenreich mit Stumpf und Stiel im Jahre 534 ausgerottet, nachdem es von Gunde- 534
rich bis auf Gelimers Fall 113 Jahre bestanden hatte.

Isidor

Geschichte der Sueven

Geschichte der Sueven

85.

Im Jahre 409 kamen die Sueven unter ihrem König 409
Hermerich zugleich mit den Alanen und Vandalen nach Spanien und besetzten zusammen mit letzteren ganz Gallicien. Als aber die Vandalen nach Afrika hinübergingen, behielten die Sueven Gallicien für sich allein. Über sie herrschte in Spanien Hermerich 32 Jahre lang. Die Gallicier blieben in einem Teil des Landes ihre eigenen Herren. Hermerich hatte sie in wiederholten Raubzügen ausgeplündert; als er aber in eine Krankheit verfiel, machte er Frieden mit ihnen und nahm seinen Sohn Recchila zum Mitherrscher an. Diesen schickte er mit einem großen Teil seines Heeres gegen Andevotus, den Führer der römischen Soldaten, aus. Recchila schlug ihn und sein zahlreiches Heer am Fluß Singilius und nahm ihm eine große Menge Gold und Silber ab. Dann belagerte und eroberte er Emerita und verband es mit seinem Königreich. Sein Vater Hermerich starb nach siebenjährigem Siechtum.

86.

441 Als Hermerich im Jahre 441 gestorben war, folgte ihm sein Sohn Recchila und regierte acht Jahre. Nach dem Hinscheiden seines Vaters eroberte er Hispalis, Baetica und die Provinz Carthago Nova. Wie man sagt, war er ein Heide und starb als solcher zu Emerita.

87.

448 Im Jahre 448 folgte auf Recchila sein Sohn Recchiarius, der Katholik geworden war, und regierte neun Jahre. Er hatte die Tochter des Gotenkönigs Theudered[1] zur Frau. Am Anfang seiner Regierung machte er glückliche Einfälle ins Land der Basken. Dann verband er sich mit seinem Schwiegervater
448 Theudered und verwüstete mit den Goten das Gebiet von Caesaraugusta. Ebenso fiel er in die tarraconensische Provinz ein, die den Römern gehorchte, und plünderte das Gebiet von Carthago Nova aus, das sein Vater Recchila den Römern zurückerstattet hatte. Zuletzt, als der Gotenkönig Theudered nach Spanien zog, lieferte er ihm eine Schlacht, wurde geschlagen, dann gefangen genommen und getötet.

[1] Theoderich, König der Westgoten.

88.

Als Recchiarius im Jahre 457 gefallen war, erhoben 457
die Sueven, die im äußersten Teil von Gallicien zurückgeblieben waren, Maldra, Masilas Sohn, zu ihrem König. Dann spalteten sie sich, und ein Teil erkannte Frantanes, der andere Maldra als König an. Frantanes starb bald darauf, und seine Partei erhob Recchimund, der sich mit Maldra verglich und mit ihm Lusitanien verwüstete. Maldra aber wurde im dritten Jahr seiner Herrschaft von seinen eigenen Leuten umgebracht.

89.

Nach seinem Tod entstand zwischen Frumarius und Remismund ein Zwist über die königliche Würde. Frumarius zerstörte mit seiner Suevenschar die Stadt Flavia[1], Remismund verwüstete für seinen Teil die ihm zunächst am Meere gelegenen Städte Aurega und Luca.

[1] Flavia wird sonst Flavium Brigantium genannt, heute La Coruña. Luca ist vermutlich Lucus Asturum, heute Oviedo. Aurega ist nicht identifizierbar.

90.

Nach dem Tod des Frimarius vereinigte Remismund alle Sueven unter seiner königlichen Gewalt und machte auch mit den Galliciern Frieden. Zum Gotenkönig Theoderich schickte er eines Bündnisses halber Gesandte und empfing von seiner Hand Waffen und eine Gattin. Er zog nach Lusitanien, nahm unter dem Schein friedlicher Absicht Conimbria und plünderte es aus. Auch Olyssipona fiel in seine Hände: Lusidius, ein Bürger der Stadt, der das Kommando hatte, übergab sie ihm. Zu seiner Zeit erhob sich Ajax, von Geburt ein Galater, der zu den Arianern abgefallen war, unter den Sueven mit Unterstützung des Königs als Feind des katholischen Glaubens und der göttlichen Dreieinigkeit. Er brachte das verderbliche Gift dieser Lehre aus dem gotischen Teil von Gallien und impfte dem ganzen Volk der Sueven die tödliche Seuche des Irrglaubens ein. Noch viele Suevenkönige waren dann der arianischen Ketzerei ergeben, bis Theodemir zur Regierung kam.

91.

Dieser zerstörte sofort die Irrlehre der arianischen Gottlosigkeit und führte die Sueven zum katholischen Glauben zurück mit Unterstützung Martins, des Bischofs vom Kloster Duma, eines gläubigen und gelehrten Mannes, durch dessen Eifer der

Friede der Kirche und viele Einrichtungen in den kirchlichen Ordnungen Galliciens hergestellt worden. Nach Theodemir wurde Miro König der Sueven und regierte 13 Jahre. Im zweiten Jahre seiner 573
Herrschaft überzog er die Rucconen mit Krieg. Dann zog er dem Gotenkönig Leovigild zu Hilfe gegen dessen aufrührerischen Sohn und starb vor Hispalis, das er erobern wollte.

92.

Ihm folgte sein Sohn Heborich nach, der in jungen 585
Jahren von dem Empörer Andeca der Herrschaft beraubt und als Mönch in ein Kloster gesteckt wurde. Doch die Strafe dafür blieb nicht aus. Der Gotenkönig Leovigild überzog die Sueven mit Krieg, eroberte das Land, setzte Andeca ab, ließ ihn scheren und nach seiner Königsherrschaft als Priester Dienst tun. So mußte Andeca in gerechter Vergeltung an sich das erfahren, was er seinem rechtmäßigen König angetan hatte. Das Suevenreich, welches 187 Jahre[1] bestanden hatte, ging nunmehr in das Gotenreich auf.

[1] 409–585, also 176 Jahre.

Anhang

zu
Isidors Geschichte der Goten,
Vandalen und Sueven

Spanien zur Zeit der Goten,
Vandalen und Sueven

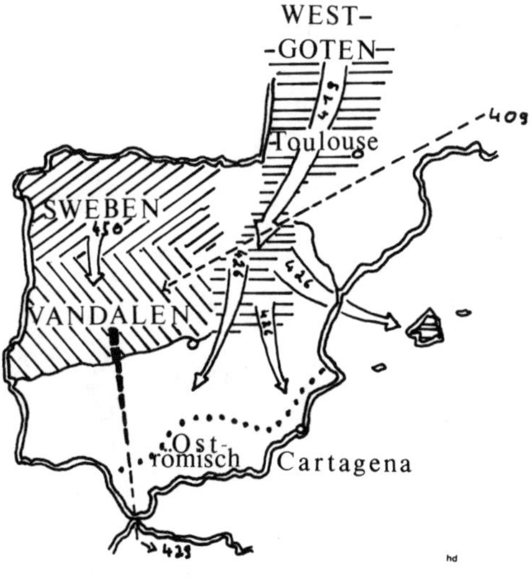

Geographische Namen

Die folgenden geographischen Namen kommen bei Isidor häufiger vor. Sie sind deshalb hier zusammengefaßt und im Text nicht mehr einzeln erklärt.

Arelas	– Arles
Baetica	– Andalusien
Barcinona	– Barcelona
Aquitania secunda	– römische Provinz Galliens, erstreckt sich zwischen Garonne und Loire entlang des Atlantiks.
Caesaraugusta	– Saragossa
Carthago Nova Carthago Spartaria	– Carthagena
Conimbria	– Coimbra
Druentius	– Durance
Emerita	– Merida am Guadalquivir
Flavia Flavium Brigantinum	– La Coruna
Gades	– Cadiz
Hispalis	– Sevilla

Luca Lucus Asturium	– Oviedo
Lucus	– Lugo in Gallicien
Massilia	– Marseille
Narbo	– Narbonne
Ologitis	– Stadt südl. Pamplona
Olyssipona	– Lissabon
Pampiluna	– Pamplona
Panormus	– Palermo
Pistacium	– Poitiers
Portucali	– Oporto
Recapolis	– Stadt am oberen Tajo
Segontia	– Siguenza
Septe	– Ceuta
Singilius	– Genil, Nebenfluß des Guadalquivir
Tarraconesische Provinz	– Aragon
Toletum	– Toledo
Tolosa	– Toulouse
Urbicus	– Rio Orbiga, Nebenfluß des Esla zwischen Astorga und Leon.

Regierungszeiten der Westgotenkönige

368–381	Athanarich
382–410	Alarich
410–415	Athaulf
415	Sigerich
415–419	Walia
419–451	Theudered (Theoderich I.)
451–453	Turismund
453–466	Theuderich (Theoderich II.)
466–484	Eurich
484–507	Alarich II.
507–511	Gisalich
(511–522	Theoderich II. von Italien)
522–531	Amalarich
531–548	Theudis
548–549	Theudischus
549–554	Agila
554–567	Athanagild
567–568	Liuva I.
568–585	Leovigild
586–601	Reccared I.
601–603	Liuva II.
603–610	Wichterich
610–612	Gundemar

612–620	Sisibut
(620	Recared)
621–631	Swintila
632–641	Racimir
642–649	Gindaswind
649–672	Recceswind
672–680	Wamba
680–687	Erwig
687–701	Egiza
701–711	Wittiza
711	Roderich

Regierungszeiten der Ostgotenkönige

440–466	Walemar
466–471	Theodemer
–469	Widemer (Mitkönig der beiden vorhergehenden)
471–526	Theoderich
526–534	Athalarich. Für ihn führte seine Mutter Amalaswintha die Regierung.
534–536	Theodahad
536–539	Witigis
539–541	Ildibad
541	Erarich
541–552	Totila
552	Teja

Regierungszeiten der Vandalenkönige

–406	Godegisel
406–428	Gunderich
428–477	Geiserich
478–484	Hunerich
484–496	Gundamund
496–524	Trasamund
524–530	Hilderich
530–534	Gelimer

Regierungszeiten der Suevenkönige

Die Folge der Suevenkönige ist bis heute nicht völlig bekannt.

409–441	Hermerich
441–448	Rechila
448–456	Rechiar
457–460	Maldras
457	Frantanes (Gegenkönig zu Maldras)
460–?	Rechimund
?–464	Frumarius (Gegenkönig)
464–?	Remismund (Sohn des Maldras, auch als Rechimund überliefert)
.	
.	
.	nicht bekannte Könige
.	
.	
?–558	Chararich
558/9	Ariamir
559–570	Theodemir
570–583	Mir
583–584	Herborich
584–585	Audeca
585	Malaricus

Regierungszeiten der Oströmischen Kaiser

395–408	Arcadius
408–450	Theodosius II.
450–457	Marcianus
457–474	Leo I.
474	Leo II.
474–491	Zenon
491–518	Anastasius I.
518–527	Justin I.
527–565	Justinian I.
565–578	Justin II.
578–582	Tiberius I. Konstantin
582–602	Mauricius
602–610	Phokas
610–641	Heraklius I.
641	Konstantin III.
641	Heraklonas
641–668	Konstans II.
668–685	Konstantin IV.
685–695	Justinian II. (nochmals Kaiser 705–711)
695–698	Leontius
698–705	Tiberius II.
705–711	Justinian II. (auch 685–695)

711–713	Philippikus
713–715	Anastasius II.
715–717	Theodosius III.

Register

zu Isidors Geschichte der Goten, Vandalen und Sueven

Register

(Die Zahlen sind die Kapitelnummern, in denen das Stichwort vorkommt).

Auszüge
aus der Kirchengeschichte
des Beda Venerabilis

Einleitung

Beda, den die bewundernde Nachwelt schon seit dem 9. Jahrhundert Venerabilis, den Verehrungswürdigen, nannte, ist im Jahre 672 auf dem Gebiet des 674 gegründeten Klosters Warmouth in Northhumberland geboren. Dem Abt jenes Klosters, Benedict, wurde er schon als siebenjähriger Knabe zur Erziehung übergeben, dann vom Abt Ceolfrid des Tochterklosters Jarrom weiter ausgebildet. Schon im 19. Lebensjahr wurde er zum Diakon, im 30. zum Presbyter geweiht. Fast sein ganzes Leben hat er in den Mauern jener beiden Klöster zugebracht; im letzteren starb er auch im Jahr 735 und wurde dort begraben. Jene beiden Äbte, besonders Benedict, hatten von ihren Romfahrten große Mengen von Büchern mitgebracht und so, außer ihrer persönlichen Anregung, den anglischen Mönchen die Möglichkeit eines umfassenden Studiums geboten. Ihr eifrigster Schüler aber war Beda, der sein reiches Wissen auf den Gebieten der Grammatik und Rhetorik, Mathematik und Poetik, der exegetischen und dogmatischen Theologie, der kirchlichen und profanen Geschichte in zahlreichen Werken niederlegte. Weitaus das bedeutendste ist die ‚Historia ecclesiastica gentis Anglorum' in fünf Büchern, die er in den letzten Jahren seines Lebens vollendete (731). Diese Geschichte der englischen Kirche ist, abgesehen von der Einleitung, welche die ersten 22 Kapitel des ersten Buches umfaßt, ganz das eigene Werk Bedas, nach umfangreichem Material und mit wörtlicher Mitteilung der wichtigsten Aktenstücke sorgfältig gearbeitet; die Wahrheit ist ihm, wie er selbst im Vorwort sagt, „das Grundgesetz der Geschichte". Auch ist die Sprache ruhig und leidenschaftslos, der Ausdruck klar und gewandt, das Latein für jene Zeit von großer Reinheit, so daß er als Schriftsteller hoch über seinem Vorgänger Isidor steht, dessen Werk ihm übrigens wohlbekannt war.

Berlin, 1887.

D. Coste

Erstes Buch

15.

Im Jahre 449[1] nach der Fleischwerdung des Herrn 450
kam Marcian auf den Thron, zur Zeit Valentinians[2], der 46. König seit Augustus, und regierte sieben Jahre. Damals kam das Volk der Angeln oder Saxonen auf Einladung besagten Königs auf drei langen Schiffen nach Britannien, landete in Osten der Insel und erhielt dort von demselben König feste Wohnsitze, als ob es für sein Vaterland kämpfen sollte – in Wahrheit dessen künftigen Eroberer. In einer Schlacht gegen die Feinde, welche von Norden herbeigekommen waren, blieben die Saxonen Sieger. Sobald die Kunde von diesem Sieg in ihre Heimat drang, zugleich damit die Botschaft von der Fruchtbarkeit der Insel und der Schwäche der Briten, machte sich ungesäumt eine größere Flotte mit einer zahlreicheren Bemannung von dort auf, die sich sofort mit den ersten Scharen vereinigte und so ein unbesiegbares Heer bildete. Die Ankömmlinge nahmen also die Wohnsitze an, welche ihnen die

[1] 450.
[2] Valentinian III.

Briten als Geschenk geboten hatten und wohnten unter ihnen – unter der Bedingung, daß sie zum Frieden und Heil des Vaterlandes gegen alle Feinde Kriegsdienste täten, die Briten dafür ihnen einen festgesetzten Tribut zahlten. Die gekommen waren, gehörten zu den drei kräftigsten Stämmen der Germanen, zu den Saxonen, Angeln und Jüten. Von den Jüten kommen die Cantuarier[1] und Victuarier her, d.h. der Stamm, welcher die Insel Vectis[2] bewohnt und derjenige, welcher bis auf den heutigen Tag im Land der Westsachsen den Namen der Jüten trägt und der Insel Vectis gegenüberwohnt. Von den Sachsen, die aus dem heutigen Alt-Sachsen kamen, stammen die Ostsachsen, Südsachsen und Westsachsen[3]. Von den Angeln, die aus Angeln kamen, dem Land, das jetzt zwischen dem Gebiet der Sachsen und Jüten verlassen daliegt, stammen die Ostangeln, die Südangeln, die Mercier, das ganze Volk von Northumberland, d.h. die Stämme, welche südlich vom Humberfluß wohnen, und die anderen Stämme der Angeln. Ihre ersten Führer sollen zwei Brüder gewesen sein, Hengist und Horsa, von denen der letztere bald darauf in einer Schlacht gegen die Briten fiel: ein Denkmal im östlichen Kent trägt noch heute seinen Namen. Sie waren Söhne des Victgilsus, des Sohnes Vitta, des Sohnes Vecta, des Sohnes Woden, von dem abzustammen sich die Königsgeschlechter vieler Reiche rühmen.

Da die erwähnten Volksstämme in immer dichteren

[1] Kent.
[2] Isle of Wight.
[3] Essex, Sussex, Wessex.

Scharen unaufhaltsam nach dieser Insel hinüberströmten, wurde die Menge der Ankömmlinge größer und größer, so daß die Eingeborenen, welche sie herbeigerufen hatten, mit Schrecken erfüllt wurden. Da schlossen jene plötzlich mit den Pikten, welche sie im Krieg mehr und mehr zurückgedrängt hatten, ein Bündnis und wandten ihre Waffen gegen ihre alten Bundesgenossen. Zuerst fordern sie eine Erhöhung des Tributs und, da sie nur einen Grund zum Bruch suchten, erklären sie, wenn ihnen nicht reichlichere Getreidespenden zuteil würden, das Bündnis brechen und die ganze Insel verwüsten zu wollen. Der Drohung folgte die Tat auf dem Fuße nach; um es kurz zu sagen: das Feuer, welches von der Hand der Heiden angezündet wurde, war die gerechte Strafe Gottes für die Freveltaten des Volkes, gerade wie jenes Feuer, das einst von den Chaldäern angelegt, die Mauern und sogar sämtliche Häuser Jerusalems zerstörte. Nach dem Willen des gerechten Richters zündete die Hand des gottlosen Siegers ein Feuer an, das zunächst die benachbarten Ortschaften und Äcker vom östlichen bis zum westlichen Meer ungehindert verheerte und dann fast die ganze Oberfläche der Insel wie mit einem Leichentuch bedeckte. Kein öffentliches, kein privates Gebäude blieb stehen, überall wurden die Priester an den Altären hingeschlachtet, Vornehme und Geringe, ohne Ansehen der Person, fielen den Flammen und dem Schwert zum Opfer, so daß nicht einmal Leute übrig blieben, um die Leichen der schmählich Gemordeten zu bestatten. Von den beklagenswerten Überlebenden wurden viele noch in den Bergen aufgegriffen und haufenweise umgebracht; manche verließen, vom Hunger getrieben, ihre Schlupfwinkel und ergaben sich den Feinden, um für das tägliche Brot ewige Knechtschaft einzutauschen; andere kehrten schmerzerfüllt dem Vaterland den Rücken und flohen übers Meer; noch andere endlich, die in der Heimat blieben, führten ein elendes Leben in den Einöden der Berge und Wälder, und selbst dort fühlten sie sich nicht einmal mehr sicher.

16.

Als darauf das Heer der Feinde nach Vernichtung und Zerstreuung der Eingeborenen in seine Wohnsitze zurückgekehrt war, fingen jene an, sich allmählich zu erholen und aus ihren Schlupfwinkeln, in denen sie sich verborgen gehalten hatten, hervorzukommen; einmütig flehten sie den Himmel an, er möge sie vor gänzlicher Vernichtung bewahren. Ihr
486 Anführer war Ambrosius Aurelianus, ein Mann von demütigem Herzen, der als der einzige von römischer Abkunft jenem Blutbad entgangen war, während seine Eltern, die königlichen Namen und Abzeichen getragen hatten, darin umgekommen waren. Unter seiner Führung faßten die Briten wieder Mut, boten den Siegern die Schlacht an und errangen unter Gottes gnädigem Beistand den Sieg. Von da an hatten bald diese, bald jene die Oberhand bis zum Jahr der Belagerung des Badonischen

Berges[1], wo sie den Eindringlingen eine große Niederlage beibrachten, im 44. Jahr nach deren Landung an der britischen Küste. 492

23.

Im Jahre 582 nach der Fleischwerdung des Herrn bestieg Mauricius, seit Augustus der 54. Kaiser, den Thron und regierte 21 Jahre. Im zehnten Jahr sei- 592
ner Herrschaft gelangte Gregor, gleich ausgezeichnet durch Tatkraft wie durch Gelehrsamkeit, auf den päpstlichen Stuhl. Er regierte 13 Jahre 6 Monate und 10 Tage. Von göttlichem Geist getrieben sandte er im 14. Jahr des obengenannten Kaisers, 597
ungefähr im 150. nach der Ankunft der Angeln in Britannien, den Knecht Gottes Augustinus und mit ihm mehrere andere gottesfürchtige Mönche aus, um dem Volk der Angeln das Wort Gottes zu predigen. Gehorsam den Befehlen des Pontifex hatten sie sich schon aufgemacht und einen Teil des Weges zurückgelegt, als plötzlich feige Furcht sie faßte: gemeinsam kamen sie zu dem Entschluß, es sei geratener, nach Hause zurückzukehren, als ein barbarisches, wildes und ungläubiges Volk aufzusuchen, dessen Sprache sie nicht einmal kannten. Unverzüglich ordnen sie den Augustinus ab, welchen Gregor zum Bischof bestimmt hatte, für den Fall, daß sie von den Angeln angenommen würden, um dem hei-

[1] Bannesdown; nach Polydorus Virgilius Blacancore in der Grafschaft York.

ligen Gregor die demütige Bitte vorzutragen, er möge ihnen eine so gefährliche und mühselige Wanderung ins Ungewisse erlassen. Er antwortete mit einem ermunternden Brief und riet ihnen, zum Werk des Wortes im Vertrauen auf die göttliche Hilfe aufzubrechen.
(Er ermahnt sie, zum Ruhme Gottes und zur eigenen Seligkeit das angefangene Werk zu vollenden, dem Augustin gehorsam zu sein und empfiehlt sie der besonderen Gnade Gottes.)

24.

(Dem Bischof Etherius von Arelate[1] empfiehlt er sie zu freundlicher Aufnahme auf der Durchreise).

25.

597 Also gestärkt durch das Ermunterungsschreiben des heiligen Vaters Gregor kehrte Augustinus nebst den Dienern Christi, welche bei ihm waren, zum Werk am Wort zurück und gelangte nach Britannien. Zu jener Zeit war König in Cantia der sehr mächtige Aedilbercht, dessen Reich sich bis an den Humber-

[1] Arles.

fluß erstreckte, durch den die südlichen und nördlichen Völker der Angeln voneinander getrennt werden. An der Ostküste von Cantia befindet sich aber eine nicht ganz kleine Insel Tanatos, an Umfang – nach der Art, wie die Angeln zu schätzen pflegen – 600 Familiengüter groß und vom Festland durch den Fluß Vantsumu[1] getrennt, einen Meerarm, der ungefähr drei Stadien breit ist und nur an zwei Stellen eine Furt bietet. Auf dieser Insel also landeten der Knecht Gottes Augustinus und seine Genossen, ungefähr vierzig an der Zahl. Auf Befehl aber des heiligen Vaters Gregor hatten sie Dolmetscher aus dem Frankenvolk bei sich. Augustin sandte nun zu Aedilbercht und tat ihm kund, er komme aus Rom und bringe die beste Botschaft, nämlich daß die, welche ihm gehorchen, ewige Freuden im Himmel und das ewige Reich zusammen mit dem lebendigen und wahren Gott haben sollten, und das sei die lautere Wahrheit. Auf diese Nachricht antwortete er, sie sollten auf der Insel bleiben, auf der sie gelandet seien, und die notwendigen Lebensmittel geliefert erhalten, bis er beschließe, was er mit ihnen tun wolle. Es war nämlich schon vorher die Kunde von der christlichen Religion zu ihm gedrungen, da er eine Christin aus dem Königsgeschlecht des Frankenvolkes, namens Berchta zur Frau hatte. Und zwar hatte er sie unter der Bedingung von ihren Eltern bekommen, daß es ihr erlaubt sei, mit dem Bischof, den sie ihr als Glaubensbeistand mitgegeben

[1] Stour.

hatten, namens Lindhard, ihres Glaubens zu leben und seine Satzungen zu befolgen.

Nach einigen Tagen kam wirklich der König auf die Insel, schlug seinen Sitz unter freiem Himmel auf und entbot Augustinus und seine Genossen zu einer Unterredung. Er scheute sich nämlich, sie unter Dach und Fach zu empfangen, da sie ihn dort – nach einem alten Aberglauben – durch böse Zauberkünste hätten überwältigen können. Aber jene kamen nicht mit teuflischem, sondern mit göttlichem Werkzeug: als Banner führten sie ein silbernes Kreuz und ein Bild des Heilandes; dazu sangen sie Litaneien, in denen sie den Herrn für ihr eigenes und das Heil derer enflehten, wegen welcher und zu welchen sie gekommen waren. Als sie sich auf Geheiß des Königs niedergelassen hatten und ihm zugleich mit allen seinen Begleitern das Wort des Lebens anpriesen, antwortete jener folgendermaßen: „Schön sind zwar die Worte und Versprechungen, die Ihr bringt; aber weil sie neu sind und ohne Gewähr, kann ich ihnen nicht ohne weiteres beipflichten und all das aufgeben, was ich mit dem ganzen Angelnvolke so lange Zeit heilig gehalten habe. Weil Ihr jedoch aus weiter Ferne als Fremdlinge hierher gekommen seid und meiner Überzeugung nach den Wunsch habt, das, was Ihr für das Wahre und Beste haltet, auch uns mitzuteilen, so wollen wir Euch nicht beschweren, sondern Euch vielmehr gnädig Gastfreundschaft gewähren, auch dafür Sorge tragen, daß Euch gereicht werde, was zum Lebensunterhalt nötig ist. Endlich legen wir Euch nichts in den Weg, so viele, wie Euch möglich ist, durch Predigt für Eure Lehre zu gewinnen." Dann wies er ihnen ein Haus in der Stadt Doruvernum[1] an, der Hauptstadt seines ganzen Reiches, sorgte, wie er versprochen hatte, für ihre leiblichen Bedürfnisse und enthielt ihnen die Erlaubnis, zu predigen, nicht vor. Als sie sich der Stadt mit dem heiligen Kreuz und dem Bild des großen Königs, unseres Herrn Jesu Christi, näherten, sollen sie nach ihrer Weise gesungen haben: „Wir bitten Dich, Herr, nach Deiner Barmherzigkeit, daß Du von jener Stadt und von Deinem heiligen Hause nehmest Deinen Zorn und Deinen Grimm, ob wir gleich Sünder sind. Hallelujah!"

26.

Als sie nun von ihrem Haus Besitz genommen hatten, beganen sie wie die Apostel der Urkirche zu leben: sie dienten beständig mit Beten, Wachen und Fasten; predigten das Wort des Lebens, wann sie konnten; verachteten, was von dieser Welt war, als ihnen völlig fremd; nahmen von denen, welche sie lehrten, nur das, was ihnen zum Lebensunterhalt notwendig war; lebten in jeglicher Beziehung so wie sie lehrten, und waren dazu vor allem bereit, für die Wahrheit, die sie predigten, alles Unheil zu tragen, ja sogar zu sterben. Was liegt näher, als daß bald einige glaubten und sich taufen ließen, voll Bewunderung für die Einfachheit des unschuldigen Lebens 597

[1] Canterbury.

und die Süßigkeit ihrer himmlischen Lehre! Nahe jener Stadt war aber gegen Osten eine alte Kirche zu Ehren des heiligen Martin, aus der Zeit als noch die Römer Britannien bewohnt hatten, in welcher die Königin – wie schon gesagt, eine Christin – ihre Andacht zu verrichten pflegte. In dieser kamen auch jene zuerst zusammen und begannen, zu singen, zu beten, Messe zu lesen, zu predigen und zu taufen. Als dann der König sich zum Glauben bekehrt hatte, erhielten sie weitere Erlaubnis, überall zu predigen und Kirchen umzubauen oder wiederherzustellen.

Auch der König selbst hatte, wie die anderen, an dem unsträflichen Wandel der Heiligen Gefallen gefunden, glaubte ihren verheißungsvollen Worten, deren Wahrheit sie noch dazu durch den Hinweis auf viele Wunder bekräftigt hatten, und ließ sich taufen. Nun kam auch die Menge, das Wort zu hören, gab ihre heidnischen Gebräuche auf und schloß sich gläubig der einen heiligen Kirche Christi an. Der König soll sich zwar über ihren Glauben und ihre Bekehrung aufrichtig gefreut, aber dennoch keinen zum Übertritt zum Christentum gezwungen haben, außer daß er die Gläubigen, als seine Mitbürger im himmlischen Reich, mit innigerer Liebe umfaßte. Er hatte nämlich von den Lehrern und Begründern seines Seelenheils gelernt, daß der Dienst Christi freiwillig und nicht erzwungen sein müsse. Auch säumte er nicht, seinen Lehrern einen ihrer Würde entsprechenden Wohnsitz in seiner Hauptstadt Doruvernum zu schenken und ihnen die nötigen Güter in verschiedener Gestalt anzuweisen.

27.

Bald darauf begab sich der Mann Gottes Augustinus 597
nach Arelate und wurde von dem Erzbischof dieser Stadt, Aetherius, nach dem Befehl des heiligen Vaters Gregor als Erzbischof des Volkes der Angeln ordiniert. Dann kehrte er nach Britannien zurück und sandte sofort den Presbyter Laurentius mit dem Mönch Petrus nach Rom, um dem heiligen Pontifex
Gregor anzuzeigen, daß das Volk der Angeln den 601
christlichen Glauben angenommen habe und er zum Bischof geweiht sei. Zugleich bat er auch um seinen Rat in einigen Fragen, die ihm besonders wichtig erschienen. Die Antworten erfolgten unverzüglich, und wir halten es für angezeigt, sie dieser unserer Geschichte einzuverleiben[1].

Erste Frage des heiligen Augustinus, des Bischofs der Kirche der Cantuarier. Auf welche Weise es die Bischöfe mit ihren Klerikern zu halten haben oder was für Teile von dem zu machen seien, was durch Darreichungen der Gläubigen dem Altar geboten wird, und wie der Bischof in der Kirche sich zu verhalten hat.

Es antwortet Gregor, der Papst der Stadt Rom. Es sagt die heilige Schrift, welche Du unzweifelhaft genau kennst, insbesondere die Briefe des heiligen Petrus an Timotheus, in welchen er ihn zu unterrichten bemüht ist, wie man im Hause Gottes zu

[1] Da die folgenden Fragen und ihre Beantwortung sich auf rein innerkirchliche Angelegenheiten beziehen, sind sie füglich zu übergehen; ich gebe nur die beiden ersten, als für die Anschauung des Papstes Gregor besonders charakteristisch.

verfahren hat. Es ist aber die Sitte des apostolischen Stuhls, den ordinierten Bischöfen die Vorschrift zu überliefern, daß von allem, was an Gaben eingeht, vier Teile gemacht werden sollen, nämlich einer für den Bischof und seinen Haushalt, wegen Gewährung der Gastfreundschaft und Herberge, der zweite für den Klerus, der dritte den Armen, der vierte für die Ausbesserung der Kirchen. Weil nun aber Du, lieber Bruder, als in klösterlicher Ordnung erzogen, von Deinen Klerikern nicht abgesondert leben darfst, so sollst Du in der Kirche der Angeln, welche durch die Gnade Gottes jetzt kürzlich dem Glauben gewonnen ist, folgenden Brauch einrichten, wie ihn unsere Väter zur Einstehungszeit der Kirche hatten: keiner von ihnen nannte etwas von dem, was er hatte, sein eigen, sondern ihnen gehörte alles gemeinschaftlich.

Wenn aber Kleriker da sind, die außerhalb der heiligen Regeln stehen und sich nicht der Enthaltsamkeit zu befleißigen vermögen, so sollen sie sich Gattinnen nehmen und ihre Besoldung für sich erhalten. Denn auch für diese ebenbezeichneten gilt das Wort der Schrift[1]: „Und man gab einem jeglichen, was ihm Not war". Ihrer Besoldung ist Rechnung und Sorge zu tragen, auch sollen sie unter den Regeln der Kirche gehalten werden, so daß sie sich eines sittlichen Lebenswandels befleißigen und mit Psalmensingen die Vigilien halten und Gott zu Ehren Herz, Zunge und Körper von allem Unerlaubten rein halten. Für diejenigen aber, welche nach gemeinsamer Regel

[1] Apostelgeschichte 4,35.

leben, was soll ich für sie von der Verteilung auf die einzelnen, von der Gewährung der Gastfreundschaft, von der Anwendung der Barmherzigkeit reden, da in allem übrigen, was fromme und heilige Werke anbetrifft, Gott selbst, unser aller Lehrer, also spricht[1]: „Doch gebt Almosen, von dem, was da ist, siehe, so ist Euch alles rein".

Zweite Frage Augustinus: „Während der Glaube ein einziger ist, warum sind die Gebräuche der Kirchen verschieden, der Gebrauch der Messen in der heiligen römischen Kirche ein anderer als in der gallischen?"

Es antwortete Papst Gregor: „Du kennst, mein Bruder, den Gebrauch der römischen Kirche, in dem aufgewachsen zu sein sie sich rühmt. Aber meines Erachtens, wenn Du in der römischen oder gallischen oder in einer beliebigen anderen etwas gefunden hast, was dem allmächtigen Gott besser gefallen mag, so nimm es emsig auf und füge in der Kirche der Angeln, die noch neu im Glauben ist, mit besonderer Unterweisung ein, was Du aus vielen anderen Kirchen hast sammeln können. Denn man muß die Sache nicht nach dem Äußeren, sondern das Äußere nach dem guten Kern beurteilen. Nimm also aus jeder einzelnen Kirche, was fromm, was heilig, was recht ist, und dies, sozusagen in ein Bündel gefaßt, mache für die Seelen der Angeln zum Gebrauch.

(In der Antwort auf Frage sechs erteilt Gregor dem Augustinus das Recht, zunächst allein Bischöfe zu ordinieren, später dasselbe unter Hinzuziehung von

[1] Lukas 11,41.

drei oder vier einheimischen Bischöfen zu tun; in der Antwort auf Frage sieben stellt er ihn den gallischen Bischöfen, insbesondere dem von Arelate gleich, ordnet ihn aber den in Britannien neu zu ernennenden Bischöfen über.)

28.

(In diesem Kapitel empfiehlt Gregor den Augustinus an Virgilius, den Nachfolger des Aetherius auf dem bischöflichen Stuhl von Arelate, zu besonders freundlicher Aufnahme und brüderlichem Einvernehmen).

29.

Ferner sandte ebenderselbe Papst Gregor dem Bischof Augustinus, weil er gemeldet hatte, er habe dort zwar eine reiche Ernte aber wenig Arbeiter, mit seinem obenerwähnten Gesandten mehrere Mitarbeiter und Diener am Wort, unter denen die ersten und wichtigsten waren Mellitus, Justus, Paulinus und Rufinianus, und außerdem alles, was überhaupt zum Kult und Dienst der Kirche nötig war, also die heiligen Gefäße, Altarbekleidung, Kirchenschmuck, Gewänder für die Priester und Kleriker, auch Reliquien der heiligen Apostel und Märtyrer und endlich eine größere Anzahl Bücher. Außerdem einen Brief, in welchem er anzeigte, daß er ihm das Pallium verliehen habe, und Anweisung gab, auf welche Weise er die Bischöfe einzusetzen habe. Der Brief aber hat folgenden Wortlaut:

„Dem sehr ehrwürdigen und sehr heiligen Bruder Augustinus, seinem Mitbischof, Gregor, der Knecht der Knechte Gottes. Obschon es gewiß ist, daß denen, welche für den allmächtigen Gott arbeiten, die unaussprechlichen Belohnungen des ewigen Reiches vorbehalten sind, erscheint es uns doch notwendig, ihnen die Wohltaten von Ehrenstellen anzuweisen, damit sie die Kraft haben, im Eifer des geistlichen Werkes durch jene Belohnung nur noch vielfältiger sich anzustrengen. Und weil die neue Kirche der Angeln zur Gande des allmächtigen Gottes hingeführt ist, durch ebendesselben Huld und Deine Arbeit, bewilligen wir Dir den Gebrauch des Palliums in derselben allein für die Feier der Messe. Du sollst in den einzelnen Gegenden zwölf Bischöfe ordinieren, welche Deiner Oberhoheit unterstehen, und zwar so, daß der Bischof von Londonium in Zukunft von einer eigenen berufenen Synode geweiht werden soll und das Ehrenkleid des Palliums von diesem heiligen und apostolischen Stuhl empfange, dem ich auf Gottes Geheiß diene. Wir wollen aber ferner, daß Du nach Eburacum einen Bischof sendest, den Du selbst ordinieren magst, und zwar so, daß, wenn jene Stadt mit ihrer Umgebung das

Wort Gottes angenommen hat, jener selbst ebenfalls zwölf Bischöfe ordiniere und die Ehren eines Metropolitanbischofs genieße, weil wir auch ihm, wenn Gott uns das Leben schenkt, das Pallium verleihen wollen, so jedoch, daß er Deinen Anordnungen untergeben sei. Wenn Du aber einmal nicht mehr bist, soll er über den Bischöfen, die er ordiniert hat, so stehen, daß er nicht mehr der Botmäßigkeit des Bischofs von Londonium unterworfen ist. Es sei aber zwischen den Bischöfen von Londonium und Eburacum künftig ein Rangunterschied, so daß demjenigen der Vortritt gebührt, welcher zuerst ordiniert worden ist. Sie sollen ferner nach gemeinsamem Beschluß und einträchtigen Sinnes dem Eifer Christi gemäß handeln, einmütig ihre Anordnungen treffen, richtig urteilen und das, was sie für recht erkannt haben, ohne Mißhelligkeit untereinander ausführen. Dir, mein Bruder, sollen nicht nur diejenigen Bischöfe, welche Du ordiniert hast, oder diejenigen, welche der Bischof von Eburacum ordiniert haben wird, sondern alle Priester in ganz Britannien unter dem Beistand Gottes, unseres Herrn Jesu Christi, untergeben sein, damit sie aus Deinen heiligen Reden und Leben den Grund zum rechten Glauben und heiligen Leben entnehmen, und dadurch, daß sie ihr Amt durch Glauben und Wandel betätigen, zum himmlischen Reich, wenn Gott will, gelangen. Gott erhalte Dich gesund, sehr ehrwürdiger Bruder. Gegeben am 10. Juli des 19. Jahres der Regierung unseres Herrn, des allerfrömmsten Kaisers Mauricius Tiberius, im 18. Jahre nach ebendesselben Konsulat, in der 4. Indiktion."

30.

Nachdem sich die obenerwähnte Gesandtschaft auf den Weg gemacht hatte, schickte ihr der heilige Vater Gregor einen bemerkenswerten Brief nach, aus welchem hervorgeht, wie eifrig er für das Heil unseres Volkes bedacht war. Derselbe lautet so:
„Seinem geliebtesten Sohn, dem Abt Mellitus, Gregor, der Knecht der Knechte Gottes. Nach dem Weggang der Schar, welche mit Dir ist, sind wir in großer Sorge gewesen, weil wir nichts von dem glücklichen Fortgang Eurer Reise gehört haben. Wenn nun der allmächtige Gott Euch zu dem sehr ehrwürdigen Mann, unserem Bruder, Bischof Augustinus, geleitet haben wird, so meldet ihm, was ich nach langem Nachdenken über die Angelegenheit der Angeln beschlossen habe. Man soll die heidnischen Tempel dieses Volkes nicht zerstören, sondern nur die Götzenbilder darin; dann soll man diese Tempel mit Weihwasser besprengen, Altäre errichten und Reliquien dort niederlegen; denn wenn diese Tempel gut gebaut sind, so können sie ganz wohl aus einer Stätte der Dämonen zu Häusern des wahren Gottes umgewandelt werden, so daß, wenn das Volk selbst seine Tempel nicht zerstört sieht, es von Herzen seinen Irrtum ablegt, den wahren Gott anerkennt und anbetet und sich an den gewohnten Orten nach alter Sitte einfindet. Und weil sie viele Ochsen zu Ehren der Dämonen zu schlachten gewöhnt sind, soll auch dies in eine Art Fest verwandelt werden: am Tag der Weihe oder an den Geburtstagen der heiligen Märtyrer, deren Gebeine

dort ruhen, sollen sie um die Kirchen, die aus jenen Tempeln entstanden sind, herum Hütten aus Zweigen bauen und ein kirchliches Fest begehen. Dann opfern sie nicht mehr dem Teufel die Ochsen, sondern töten die Tiere bei ihrem Schmause Gott zu Ehren. Denn wenn ihnen äußerlich einige Freuden zugestanden werden, so werden sie sich an die innerlichen Freuden leichter gewöhnen. Unmöglich darf man nämlich harten Gemütern alles auf einmal abschneiden, weil auch derjenige, welcher zum höchsten Gipfel aufsteigen will, sich stufen- oder schrittweise, nicht sprunghaft, emporarbeitet[1] . . ."

31.

(Augustinus, der einige Wunder getan hat, wird von Gregor zur Demut ermahnt und erinnert, jene nicht sich, sondern Gott allein zuzuschreiben.)

32.

(König Aedilbercht wird durch ein Handschreiben Gregors geehrt).

[1] Die weitere Ausführung ist unwesentlich.

33.

Sobald Augustinus, wie wir schon erzählt haben, in 601
der Königsstadt seinen Bischofssitz empfangen hatte, nahm er mit Einwilligung des Königs die Kirche, welche dort als altes Werk römischer Frömmigkeit stand, wieder in Besitz und weihte sie im Namen Gottes, des Heilandes und Herrn Jesu Christi. Auch richtete er dort ein Haus ein, für sich und seine Nachfolger. Ferner baute er nicht weit von der Stadt selbst gegen Osten zu ein Kloster, zu welchem Aedilbercht auf sein Zureden hin, eine Kirche der heiligen Apostel Petrus und Paulus vom Grund aus neu aufbaute und mit reichen Geschenken bedachte. In ihr sollten die Körper Augustins selbst, aller Bischöfe von Doruvernium sowie die der Könige von Cantium ruhen. Diese Kirche jedoch weihte nicht mehr Augustinus selbst, sondern sein Nachfolger Laurentius. Der erste Abt jenes Klosters war der Presbyter Petrus, der als Legat auf einer Reise nach Gallien in einem Meerbusen, namens Amfleat[1], ertrank (und in Bondina[2] seine letzte Ruhestätte fand).

[1] Ambleteau.
[2] Boulogne.

34.

(Zu jenes Zeiten regierte über Northumberland Aedilfrid, ein tapferer und kriegerischer König, welcher glücklich gegen die Briten und Schotten kämpfte. So schlug er besonders den König der letzteren, Aedan, im Jahre 603 in einer großen Schlacht bei Degsastan[1], und seitdem hat kein Schottenkönig mehr gewagt, in Britannien einzufallen).

[1] Dalston bei Carlisle oder Dawston bei Ildbrough.

Zweites Buch

1.

Zu dieser Zeit, nämlich im Jahre 605[1] nach der 604
Fleischwerdung des Herrn starb der heilige Vater Gregor, nachdem er den Sitz der römischen und apostolischen Kirche 13 Jahre 6 Monate und 10 Tage aufs Rühmlichste innegehabt hatte, und wurde zu dem ewigen Wohnsitz des himmlischen Reiches hinübergeführt. Uns ziemt es, von ihm, der unser, also der Angeln Volk, aus der Macht Satans zum Glauben an Christum durch seine Tätigkeit bekehrt hat, in unserer Kirchengeschichte des Breiteren zu reden, da wir ihn mit Recht unseren Apostel nennen können und müssen. Denn da er den Pontifikat über den ganzen Erdkreis hatte und an der Spitze der schon längst zum wahren Glauben bekehrten Kirchen stand, hat er unser Volk, das noch in der Knechtschaft des Götzendienstes befangen war, zu einer Kirche Christi gemacht, so daß wir auf ihn jenes apostolische Wort anwenden dürfen: wenn er auch für andere kein Apostel war, ist er es

[1] 604.

doch für uns, denn wir sind im Herrn ein Zeichen seiner Apostelschaft . . .

Gregor selbst sagt hierüber in der Einleitung zum Buch Hiob: „Siehe, die Zunge Britanniens, die bisher nur barbarische Laute stammeln konnte, hat nunmehr angefangen, das hebräische Alleluja ertönen zu lassen. Siehe, der einst so trotzige Ozean liegt jetzt ruhig zu den Füßen der Heiligen, und seine wilden Wogen, welche die Fürsten der Erde mit dem Schwert nicht bändigen konnten, glättet in der Furcht des Herrn Priestermund mit einfachen Worten; er, der ungläubig die kämpfenden Scharen nicht fürchtete, der fürchtet jetzt gläubig die Zunge der Niedrigen. Denn weil nach Lautwerdung der himmlischen Worte und Erscheinung helleuchtender Wunder die Kraft der göttlichen Erkenntnis über ihn ausgegossen wird, so hält ihn der Schrecken ebenderselben Gottheit in Schranken, so daß er sich scheut, Übles zu tun und mit heißem Verlangen begehrt, der Gnade der Ewigkeit teilhaftig zu werden.“

Durch diese Worte bezeugt der heilige Gregor unter anderem auch das, daß der heilige Augustinus und seine Genossen nicht nur durch die Predigt des Wortes, sondern auch durch Kundgebung himmlischer Zeichen das Angelnvolk zur Erkenntnis der Wahrheit leiteten . . .

Auch darf ein Gerücht über den heiligen Gregor nicht mit Stillschweigen übergangen werden, das durch die Überlieferung der Vorfahren auf uns gekommen ist, denn hieraus erklärt es sich, weshalb er so emsige Sorgfalt auf das Seelenheil unseres Volkes verwandt hat. Man erzählt nämlich Folgendes: Eines Tages waren durch neu angekommene Kaufleute mancherlei Waren auf dem Markt ausgestellt und viele Leute zusammengeströmt, um einzukaufen, unter ihnen auch Gregor. Da sah er unter anderen Sklaven mit sehr weißer Hautfarbe zum Kauf ausgestellt, anmutiger Gesichtsbildung und auffallender Haarfarbe. Als er diese erblickte, fragte er sie, aus welcher Gegend oder aus welchem Lande sie herbeigebracht worden seien. Die Antwort lautete, sie kämen von der Insel Britannien, wo die Leute alle ein solches Aussehen hätten wie sie. Da fragte er weiter, ob jene Inselbewohner Christen seien oder ob sie noch im heidnischen Irrglauben verstrickt seien. Sie antworteten, sie seien Heiden. Da sprach jener mit einem Seufzer aus tiefster Brust: „Welch eine traurige Kunde! Menschen mit so leuchtendem Antlitz gehören dem Herrn der Finsternis, und eine so reine Sitrn birgt einen Sinn, welcher der inneren Gnade bar ist!" Weiter fragte er, wie denn das Volk heiße. Die Antwort war: „Sie sind Angeln." „Wie richtig", sagte jener, „denn sie haben ein Angesicht wie die Engel und müßten Miterben der Engel im Himmel sein. Welchen Namen trägt der Bezirk, aus dem jene stammen?" – „Die Leute jener Gegend heißen Deiri." – „Trefflich! Denn sie sind vom Zorn Gottes[1] befreit und zur Barmherzigkeit Christi berufen. Wie heißt der König des Landes? – „Er heißt Aëlla." – Auch in diesem Namen sah Gregor eine Anspielung und sprach: „Alleluja, laßt uns Gott loben, das Lob Gottes, des Schöpfers muß in jenen

[1] dei ira.

Landen ertönen." Dann begab er sich zum Pontifex des römischen und apostolischen Stuhles[1] – denn er selbst war damals noch nicht Papst – und bat, er möchte doch zum Angelnvolk in Britannien einige Diener des Wortes schicken, durch welche es zu Christo bekehrt würde. Er selbar sei bereit, mit Gottes Hilfe ans Werk zu gehen, wenn es dem apostolischen Vater also gefalle. Das war aber unmöglich, denn selbst wenn der Pontifex seiner Bitte geneigtes Gehör geschenkt hätte, konnten die Bürger Roms nicht zugeben, daß er sich so weit von der Stadt entfernte. Da er aber bald darauf selbst Papst wurde, verwirklichte er das heißersehnte Unternehmen und sandte andere als Prediger dorthin, die er mit seinen Ermahnungen und Gebeten unterstützte, um ihre Predigt fruchtbar zu machen. Dies nach der alten Überlieferung unserer Kirchengeschichte einzufügen schien uns angemessen.

2.

(Die Bischöfe der Briten wollen Augustinus als Erzbischof nicht anerkennen und vornehmlich ihre Gebräuche, besonders die Osterfeier an einem anderen Tag, als die römische Kirche bestimmt hatte, nicht aufgeben. Der Mittelpunkt des Widerstandes ist das große Kloster Bangor[2]. Augustinus Bemühungen,

[1] Pelagius.

[2] damals auch Bancorneburg, jetzt Bangor-Iscord, nicht weit von Chester am Tay.

jene zur Aufgabe ihrer Eigenheiten zu bewegen sind vergeblich, obgleich er ihnen durch die Heilung eines Blinden beweist, daß Gott mit ihm ist. Erbittert weissagt er ihnen, die Strafe für ihre Halsstarrigkeit werde nicht ausbleiben und werde durch die Angeln, mit denen sie nicht im Frieden leben wollten, vollzogen werden. Und so kommt es auch. Aedilfried zieht im Jahre 613 – acht Jahre nach Augustins Tod – gegen die Briten zu Feld, und diese werden besiegt; unter den Mönchen von Bangor, die vor und während dem Kampf durch Fasten und Beten für die Ihrigen gekämpft haben, wird auf Befehl Aedilfrieds ein großes Blutbad angerichtet, in dem 1200 umkommen, weil sie gegen den König zu ihrem Gott gerufen und somit, obwohl sie keine Waffen tragen, doch gegen ihn gekämpft haben. So wurde die Prophezeihung des heiligen Augustinus erfüllt).

3.

Im 604. Jahre nach der Fleischwerdung des Herrn ordinierte Augustinus, der Erzbischof von Britannien, zwei Bischöfe, nämlich Mellitus und Justus, ersteren für die Verkündung des Wortes im östlichen Gebiet der Sachsen, welches durch die Themse von Cantium getrennt wird und an dem Ostmeer liegt, mit der Metropole Londonium, die am Ufer des genannten Flusses liegt und ein Haupthandelsplatz für viele Völker ist, die zu Lande und zu Wasser dorthin kommen. Über dieses Volk regierte damals Sabercht, ein Neffe des Aedilbercht von seiner Schwester Ricala her und eben jenem Aedilbercht untergeben, der, wie oben erwähnt, die Oberherrschaft über alle Stämme der Angeln bis zum Humberfluß hatte. Sobald aber auch dieser Bezirk das Wort der Wahrheit durch die Predigt des Mellitus angenommen hatte, errichtete der König Aedilbercht in der Stadt Londonium eine Kirche des heiligen Apostels Paulus und den Bischofssitz für jenen und seine Nachfolger. Den Justus hingegen setzte Augustinus als Bischof in Cantium ein, in der Stadt Dorubrevum, die das Angelnvolk nach einem alten Häuptling Hrof Hrofaescaestrae[1] nennt. Dieselbe liegt von Doruvernum 240000 Schritte nach Westen. Hier baute König Aedilbercht eine Kirche des heiligen Apostels Andreas. Beide Bistümer beschenkte er ebenso wie das von Doruvernum, mit vielen Gütern und fügte auch für die, welche mit den Bischöfen waren, reichen Besitz an Liegenschaften hinzu.

605 Der gottgeliebte Vater Augustinus verschied, und sein Körper wurde draußen vor der Kirche der heiligen Apostel Petrus und Paulus bestattet, von der oben die Rede war: damals aber war sie noch nicht vollendet und geweiht. Sobald sie aber geweiht war, wurde die Leiche hineingeschafft und in dem nördlichen Säulengang mit allen Ehren beigesetzt. Dort sind auch die Leichname sämtlicher späteren Erzbischöfe bestattet, mit Ausnahme zweier, Theodors und Berchthualds, deren Körper in der Kirche selbst

[1] Rochester.

ruhen, weil der erwähnte Säulengang sie nicht mehr fassen konnte. Fast in der Mitte desselben befindet sich ein Altar, zu Ehren des heiligen Vaters Gregor geweiht, an welchem allsonntäglich von dem Presbyter des Orts ihrer feierlich gedacht wird. Auf dem Grabmal Augustinus befindet sich folgende Inschrift: „Hier ruht Herr Augustinus, der erste Erzbischof von Doruvernum, der einst vom heiligen Gregor, dem Pontifex der Stadt Rom, hierhergesandt und von Gott durch Wunderwirkung unterstützt wurde, der den König Aedilbercht und sein Volk vom Götzendienst zum Glauben an Christum führte und, nachdem er in Frieden die Tage seines Amtes vollbracht hat, am 7. Juni unter der Regierung ebendesselben Königs gestorben ist.“

Anhang

zur
Kirchengeschichte des
Beda Venerabilis

Karte Englands zur Zeit des Beda

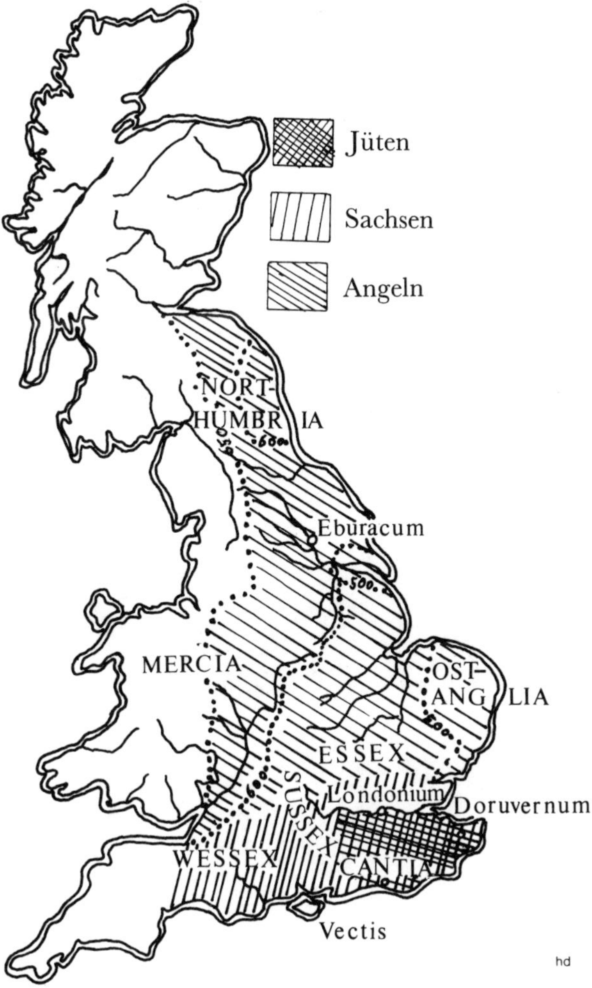

hd

Register

zur Kirchengeschichte des Beda Venerabilis

Register

(Die Zahlen geben die Nummer des Buches und des Kapitels an).